MÉMOIRE

HISTORIQUE ET GÉNÉALOGIQUE

SUR

LA FAMILLE DE WOGAN

AVEC UNE RELATION INÉDITE

DE L'ÉVASION DE LA PRINCESSE MARIE-CLÉMENTINE SOBIESKA
FEMME DE JACQUES III

roi de la Grande-Bretagne et d'Irlande (1719)

PAR

Le Comte Alph. O'KELLY DE GALWAY

Prix : **5** francs.

PARIS

CHAMPION, LIBRAIRE

9, QUAI VOLTAIRE, 9

1896

MÉMOIRE

HISTORIQUE ET GÉNÉALOGIQUE

SUR

LA FAMILLE DE WOGAN

MÉMOIRE

HISTORIQUE ET GÉNÉALOGIQUE

sur

LA FAMILLE DE WOGAN

AVEC UNE RELATION INÉDITE

DE L'ÉVASION DE LA PRINCESSE MARIE-CLÉMENTINE SOBIESKA

FEMME DE JACQUES III

roi de la Grande-Bretagne et d'Irlande (1719)

PAR

Le Comte Alph. ÔKELLY DE GALWAY

PARIS

CHAMPION, LIBRAIRE

9, QUAI VOLTAIRE, 9

1896

DE WOGAN

PAYS DE GALLES, IRLANDE ET FRANCE

BARONNETS ; SEIGNEURS DE WISTON (CASTELL GWYS), BOLSTON, PICTON,
STONEHALL, LLANGERS, BRECON, LLANSTINAN, KING'S NIMPTON ET D'OREAL-
TON AU PAYS DE GALLES ; DE GAWDY-HALL, EN ANGLETERRE ; DE KILKA,
MAYNHAM, CASTLEDERMOT, OKETHY, RATHCOFFEY ET RICHARDSTOWN, EN
IRLANDE ; DE LA CONINAIS, EN BRETAGNE.

ARMES : *d'or, au chef de sable, chargé de trois merlettes rangées en fasce d'or.*
CIMIER : *une jambe de lion coupée et posée en pal de gueules.*

L'origine de la famille de Wogan remonte à la plus haute antiquité. L'auteur anglais, Henry de Burgo, dans son ouvrage "*Hibernia
Dominicana*" assigne aux Wogan une origine aussi reculée que celle
de n'importe quel Gallois ou Irlandais connu. Il rattache cette famille
aux villes de Florence et de Rome. « Lorsque je me trouvais à
Florence, en Etruria, en 1742, le hasard me mit en relations avec un
gentleman, le cavalier Ughi. Ce personnage me remit un manuscrit
généalogico-héraldique que je possède encore (de Burgo écrivait en
1762), manuscrit qui démontrait clairement par des citations prises
dans les archives, les registres publics et des ouvrages historiques
que la famille Ughi était descendue d'un patricien de Rome appelé
Ugus qui, avec d'autres nobles, avait reçu de l'empereur Augustus
Octavianus, avant la naissance du Christ, la mission de fonder la ville

1

de Florence. Une partie des descendants de cet Ugus, était-il dit dans le manuscrit, avait passé dans la suite en pays saxon, puis de là en Angleterre. Ces émigrants étaient les ancêtres de la famille gallo-irlandaise Hugan, Owgan, Wgan, Gwgan ou Wogan (1). »

La famille de Wogan occupait dans la partie méridionale du pays de Galles (Pembrokeshire) une très haute situation et jouissait d'une grande notoriété, tant à cause de son antique origine que de l'étendue de ses ramifications. (*Fenton's Antiquities of Pembrokeshire*.)

L'ouvrage anglais "*Archdall's Peerage*" (Bibliothèque de Trinity College à Dublin) nous donne des indications sur l'importance des alliances de la famille Wogan, et cela dans les temps les plus reculés. On voit, en effet, dans une note au bas de la page 96 de cet ouvrage, que la famille Wogan a contracté alliance avec des dames issues de maisons royales. « Sir Thomas Philips, chevalier, qui quitta Kylfant, le château de ses ancêtres et résida au château de Picton, qui vint en sa possession par son mariage avec Jane, fille et héritière de Henry Donne de Picton, ou, suivant Mgr Lodges, William Donne, lequel Henry ou William était fils de Owen Donne par Catharine, fille et cohéritière de Sir John Wogan de Picton, chevalier, fils de Sir David Wogan, chevalier, fils de Joan, fille et héritière de Sir William de Picton, chevalier, par Sir John Wogan de Wiston, chevalier, fils de Sir Mathew Wogan, chevalier, fils de Walter Gwgan, chevalier, fils de Gwgan-ab-Bledhyn, seigneur de Llangers, fils de Bledhyn-ab-Meinarch, seigneur de Brecon, par sa femme Hellen, fille de *Théodore, prince du Gallois méridional;* lequel Sir John Wogan, sus-mentionné, était père de ladite Catharine par Anne, sa femme, fille de James Butler, comte d'Ormond, par Eleanor, fille de Humphrey, comte de Hereford, par *Elisabeth, fille du roi Edouard Ier par Elea-nor, fille de Ferdinando, roi de Léon et de Castille, fils de Sancho II, fils de Alphonse le Sage, fils de Ferdinand, roi de Léon et de Castille.* »

A la page 164 des *Pedigrees of the Gentry in Pembrokeshire* (Généa-logies de la noblesse du Pembrokeshire) publiées par Sir Thomas Philipps, baronnet, nous voyons que le premier descendant connu de la famille Wogan ou Gwgan, le premier que mentionne l'histoire du

---

(1) Le Révérend Denis Murphy, S. J., M. R. I A., dans sa brochure en langue anglaise "*The Wogans of Rathcoffy*" réimprimée du Journal of the Proceedings of the Royal Society of antiquaries of Ireland, formerly the Royal Historical and archæological association of Ireland. No 2. Vol. 1., fifth series — second quarter, 1890, et Andrew Lang, Escape of Maria Clementina.

pays de Galles, fut Coel Godebog, roi de Bretagne au IVe siècle, qui épousa Tegaurfron, fille du roi.....

En effet, parlant de Caradog Vreichfras, comte de Hereford, seigneur de Radnord, un des descendants de ce Coel Godebog, on dit qu'il était fils de Llur Meirini, fils de Merchion gul, fils de Gorwst Ledlwnon, fils de Cenan, fils de Coel Godebog, roi de Bretagne.

Ce Caradog Vreichfras eut pour descendants : Cawrda, Hoyw, Tathal, Hanerawd, Triphin, Cadw, Cynfarch, Tegid, Gwyngu, Drynn, Gloyw, Ceindig, Tangwydd, Gr..., Meinarch, seigneur de Brecon, Bleddyn, fils de Meinarch, qui épousa Ellen, fille de Tewdwr Mawr (Théodore, prince du Gallois méridional), Gwgan, fils de Bleddyn, seigneur de Llangers, qui épousa Margueritte, fille de sir Philipp Gwys et avec lequel commencent les Wogan de Wiston et de Picton.

Mathew Wgan fils de Gwgan épousa.....

Walter Wgan épousa....... fille de sir Adam Shan.

Thomas Wgan épousa......

Sir Matthew Wgan, de Wyston, chevalier, épousa Avice, fille de Sir Walter Malefant, chevalier ; mais plusieurs généalogistes font ce Sir Matthew Wgan, fils de Walter Wgan, omettant Sir Thomas. Sir John Wgan épousa Catharine, quelques-uns disent Agnès, fille et héritière de Sir David Wirriott, de Orealton, chevalier, quelques-uns encore appellent ce John Wgan, Thomas, et Sir Mansell dans son *Green Booke* l'appelle William, le donnant comme fils de Sir John Wogan, chevalier, qui épousa Jane, fille et héritière de Sir William Picton, comme dans la descendance de Philipps de Picton.

Sir Henri Wgan, chevalier, épousa Margaret, fille de Sir William Thomas de Ragland, chevalier. Sa mère était Gwl (a) dus, fille de Sir Dafydd Gamage.

John Wgan, écuyer, épousa Maud, fille et seule héritière de Jenkin Clement de Peake, seigneur de Caron et Ceneu'r Glynn, fils de Sir William Clement, etc. Sa mère était Jane, fille et cohéritière de Jenkin-ab-Rhys David.

Sir John Wgan, chevalier, épousa Anne, fille et héritière de Sir Thomas Fychan, chevalier, qui fut décapité à Pomfrett.

Sir John Wgan, chevalier, épousa Anne, fille et héritière de William Phes. (Voir Phes dans la descendance de Stonehall.)

Rhichard Wgan, écuyer, épousa Elisabeth, fille de Sir Thomas Gamage, seigneur de Coetty.

Sir John Wgan, chevalier, épousa Cecil, fille de Edward Carn de Wenny, chevalier.

Sir William Wgan, chevalier, épousa Sibil, fille de Sir Hugh Oweens de Orielton, chevalier.

John Wgan, écuyer, épousa Jane, fille de Sir Thos Coekley ou Cocklough d'Irlande.

Rowland Wgan, etc., épousa Elizabeth, fille de Sir Thomas Powel de Greenhill.

Les Wgan, écuyer (1694), épousa : 1° Anne, fille de John Barlow de Slebbedge, écuyer; 2° Anne, fille de James Lloyd de Cilrhiwen.

Les Wgan, épousa Martha, fille et héritière de David Williams de Hencastle, écuyer.

Wogan de Boulston, même ouvrage, *Pembrokeshire Pedigrees*, page 41, ouvrage ayant pour sous-titre : *Rotulus Walliœ*, par Sir T. Philipps, Baronet.

Adam Dyer épousa.....

Phes. Dyer épousa.....

Adam Dyer épousa.....

Phe Dyer épousa.....

Walter Dyer épousa.....

Wilkock Dyer épousa Margaret. Sa fille et son héritière épousa Henry Wgan de Wiston, chevalier. Au sujet de sa descendance, je trouve une différence, en effet, G.O.H. (Geo. Owein Harri) le nomment Thomas et le donnent comme fils de John Wgan, fils de John Wgan, fils de Sir John Wgan ; 2ᵉ fils de Sir Matthew Wgan, chevalier, comme dans la descendance de Wgan de Wiston. Sir Mansell *sic* (M. S.) fait ledit Henry fils de Thomas Wgan de Milton (Wiston ?) qui épousa N... fille et héritière de N... de Milton ? (Wiston, sans doute); 3ᵉ fils de Sir John Wgan, chevalier, qui épousa Joan, fille et héritière de Sir William Picton, chevalier (comme dans la descendance de Phes de Picton).

Henry Wgan, écuyer (quelques-uns disent chevalier), épousa Elizabeth, fille de Owein Bowein de Pentrejeuan, écuyer.

Rhichard Wgan, etc., écuyer, épousa Maud, fille de Sir Thomas Phes, chevalier.

Sir John Wgan de Bolston, chevalier, épousa Jane, fille de Richard Wgan de Wiston, écuyer.

Sir John Wgan, etc., chevalier, épousa Frances, fille de Les Pollard, écuyer (de Kingsnimpton, dans le comté de Devon ?)

Maurice Wgan, etc., écuyer, épousa Frances, fille de Sir Hugh Oweins, chevalier.

Abraham Wgan, etc., écuyer, épousa N..., fille de N... Mansel de...

Wogan de Llanstinan, page 133, même ouvrage.

(Extrait.) Joned, fille et cohéritière, épousa Rys. Wgan, écuyer, 2e fils de Sir John Wgan de Bulston (Bolston), chevalier.

Thomas Wgan, écuyer, épousa Elizabeth, fille de John Oweins de Berllan.

Maurice Wgan, écuyer, épousa Mary, fille de William Jones, archidiacre de Carmarthen.

William Wgan.....

Wogan de Stonehall, id.

Ann, fille et héritière de Sir John Wgan, chevalier (voir la descendance de Wgan de Wiston).

Morris Wgan, 2e fils de Stonehall, épousa Jenet, fille de David ab Jeuan Lloyd de Llanfair.

John Wgan, écuyer, épousa Grace, fille et héritière de Richard Fychan.

John Wgan, écuyer, épousa Elizabeth, fille de Sir J. Wgan, chevalier.

William Wgan épousa Anne, fille de John Oweins de Orealton.

Wogan de Castell Gwys (Wiston et Picton) dans le Pembrokeshire, id.

1o Sir John Wogan, chevalier, épousa Elizabeth, fille de John Turbervil, écuyer, dont issu Richard.

2o Richard Wogan, écuyer, épousa Elizabeth, fille de Sir Thomas Gamage, chevalier, seigneur de Coetty, dont issu John.

3o Sir John Wogan, chevalier, épousa Cecil, fille de Sir Edward Carn, chevalier, dont issu Richard.

4o Richard Wogan, écuyer, épousa Maud, fille de Sir Thomas Philipps ap Meredith de Picton, chevalier, dont issu John.

5° Sir John Wogan, chevalier, épousa Ann, fille de Richard Wogan, dont issu Rowland. (Vol. 2, page 221.)

6° Rowland Wogan épousa Jane, fille de Sir Mansel, chevalier, Baronnet.

(Extrait des *Glamorganshire Pedigrees* d'après le manuscrit de Sir Isaac Heard, chevalier (Héraut d'armes). Edité par Sir Thomas Philipps, baronet, page 39. [Collection du British Museum à Londres].)

Les branches de la famille Wogan : Stonehall et Llanstinan se sont éteintes au xvie siècle. Celles de Bolston, Wiston et Picton se sont confondues dans la suite dans les Wogan d'Irlande.

Aux souvenirs historiques qui contribuent à rattacher à la partie méridionale du pays de Galles, les Wogan, on peut ajouter l'extrait suivant tiré de l'ouvrage ayant pour titre : *Black's Tourist's guide in England* (1843) et que nous traduisons de la page 108. « Sur une colline, à l'ouest de la ville de Pembroke, se trouvent les ruines d'un vieux château qui mérite d'être rangé parmi les monuments les plus splendides de l'antiquité dans la partie méridionale du Pays de Galles. Ce fut dans ce château que naquit Henri VII. Le vieux castel est fameux par la glorieuse défense qu'en fit sa garnison en faveur de Charles Ier. Immédiatement au-dessous de la chapelle du château se trouve une caverne naturelle appelée « La Wogan » qui débouche sur la mer par une large ouverture. » Pourquoi ce nom de Wogan donné à cette caverne? L'histoire ne le dit pas, quelque intéressant que pourrait être pour nous le renseignement.

Le nom de Wogan fait son apparition dans l'histoire d'Irlande, et, à une place proéminente, très peu de temps après l'invasion anglaise. Le premier du nom qui se fixe en Irlande est un chevalier Wogan du Pembrokeshire qui accompagne en ce pays, en l'année 1169 et sous le règne de Henri II, Maurice Fitz Gerald (1).

L'histoire d'Irlande fait mention ensuite de Sir John Wogan, chevalier, lequel était premier gouverneur d'Irlande (2) en 1295 et qui avait pour mission de garder pour le roi d'Angleterre, Edouard Ier, les terres de l'Irlande avec ses châteaux, etc., etc. L'acte de nomination

(1) Les Wogans sont mentionnés au nombre des premières familles de l'Irlande aux xve, xvie et xviie siècles. (*Irish Pedigrees*, O'Hart, page 21.)

(2) Les premiers gouverneurs d'Irlande, nous dit Cambden « que nous appelons maintenant vice-rois, furent dès l'arrivée des Anglais sous Henri II jusqu'aux temps d'Edouard III, dénommés grand justiciers d'Irlande, puis lieutenants. Leurs substituts étaient appelés députés. Dans la suite, et selon le bon plaisir du roi, ils furent appelés tantôt députés et tantôt lieutenants (ce dernier titre était celui le plus élevé); mais géné-

prescrit que John Wogan touchera chaque année à l'Echiquier de Dublin £500 (12,500 francs) mais qu'il aura soin de maintenir constamment sur pied de guerre 20 hommes armés et autant de chevaux.

Sir John Wogan rendit de signalés services au pays pendant son gouvernement qui fut un des plus sages et des plus modérés dont puisse s'enorgueillir l'Irlande. (*Histoire d'Irlande*, par Cox.)

Sir John Wogan et son fils, Sir Thomas Wogan, furent gouverneurs d'Irlande de 1295 à 1309. En 1295 Sir John Wogan convoqua le Parlement à Kilkenny dans le but d'empêcher les colonistes anglais en Irlande d'adopter des noms et des coutumes irlandaises. On trouvera les actes de ce Parlement dans l'ouvrage *The Black Book of Christs church*. Au cours de la même année, le Roi donna ordre à *Richard de Burgh*, au *Comte d'Ulster*, à *Theobald Le Butiller*, *Théobald de Verdon*, *Peter de Bermingham* et autres premiers nobles d'Irlande d'obéir fidèlement à John Wogan, grand justicier d'Irlande, et d'exécuter ce qu'il leur enjoindrait de faire dans l'intérêt du roi, c'est-à-dire de se trouver en personnes à Whitehaven le premier jour du mois de mars, accompagnés de troupes aussi bien armées et aussi nombreuses que possible, de façon à aider le roi dans ce qu'il entendait faire pour la sauvegarde de son droit royal et de sa couronne.

On trouve dans le *Calendar of Documents relating to Ireland preserved in her Majesty's Public Record Office* (imprimé à Londres en 1891), un grand nombre de chartes octroyées à JEAN WOGAN et à d'autres personnages de cette famille par Édouard Ier, roi d'Angleterre.

Voici l'analyse des documents principaux :

ralement ils jouissaient tous d'une autorité égale. » Cette autorité était étendue et royale. Ils avaient le pouvoir de déclarer la guerre, de conclure la paix, de nommer tous les magistrats et autres fonctionnaires — à peu d'exceptions près — de gracier les criminels, hormis ceux convaincus de haute trahison, de créer des chevaliers, etc..

« Il n'y avait pas dans toute la chrétienté un vice-roi qui possédât telles juridiction, autorité et prestige. »

M. Gilbert dans son ouvrage remarquable sur les *Vice-Rois d'Irlande* s'exprime à ce sujet dans les termes suivants :

« A partir de la fin du xiie siècle, le gouverneur de la colonie-anglo-normande en Irlande était généralement dénommé : Le Grand Justicier, *Capitalis Justiciarius*. Tel était le titre donné en Normandie et en Angleterre à l'officier du grade le plus élevé à la Cour du Roi. Son autorité et sa puissance n'étaient seconde qu'à celle du Monarque en l'absence duquel il gouvernait sous le titre de Vice-Roi, chargé de l'entière administration civile et militaire du Royaume. »

1282. John Wogan, étant au service du Roi au pays de Galles, intervient dans des lettres patentes de protection accordées le 11 novembre 1282 par Édouard Ier à William de Valence, comte de Pembroke, et à Jeanne, sa femme, en Irlande.

1284. Par lettre adressée, le 2 octobre 1284, aux baillis d'Irlande, le même souverain notifie que John Wogan, resté avec son autorisation en Angleterre, est nommé *attorney* (1) de toutes les cours d'Irlande.

1285. Édouard Ier signa à Westminster, le 22 mai 1285, des lettres de protection valables jusqu'à Noël prochain, pour John Wogan, chargé d'instruire les procès en Irlande, en vertu de commission royale.

1288, 25 mars (Ao. Edwardi 16ᵗᵒ). Autorisation de dire des messes pour le repos de l'âme de William de Valence et John Wogan. Donné à Shene.

1295 (18 octobre). Sir John Wogan, vice-roi d'Irlande, reçoit l'ordre d'avoir prêts 20,000 hommes d'armes dont 10,000 cavaliers pour leur faire traverser la mer (d'Irlande) au service du Roi. (*Grace's Annals*, page 44 (Trinity College Library Dublin.)

1295-1309. Le roi d'Angleterre Édouard Ier se rend en Écosse et là il est rejoint par Sir John Wogan, Grand Justicier, vice-roi d'Irlande, ainsi que par Lord John Fitz Thomas et plusieurs autres. En l'absence de Sir John Wogan, Sir William Burke le remplace et le roi lui recommande Pierre de Gavestone, la bête noire de la noblesse anglaise et son compagnon de vice. (Edmund Campion, *History of Ireland*.)

Les *Annals of the Four Masters* en date de 1296, disent au sujet de cette expédition : « Une armée commandée par le roi d'Angleterre fut conduite par lui en Écosse et le roi acquit, de ce fait, une grande puissance en ce pays. Les chefs des Anglais en Irlande, c'est-à-dire, Richard Burke, comte d'Ulster, Gerald Fitz Gerald et John Fitz Thomas étaient de l'expédition. » Les *Grace's Annals* citent Wogan comme ayant, lui aussi, fait partie de cette expédition. Le 13 mai, le roi offrit à ces nobles une fête magnifique au château de Roxburgh.

Le 14 juillet 1297, le roi Édouard, étant à Westminster, donne à John de Wogan, justicier d'Irlande, mandement de laisser Theobald de Verdun traverser la mer et de lui payer ses gages dus.

En 1297, mandat est donné à John Wogan, vice-roi d'Irlande, et aussi au trésorier et aux barons de l'Echiquier à Dublin d'opérer en faveur du roi la saisie et de lui conserver, jusqu'à nouvel ordre, les

_____

(1) Procureur.

châteaux, manoirs et le comté de Kildare tout entier, avec toutes leurs libertés et privilèges que William de Vesci avait cédés au roi.

En 1298 les disputes et querelles entre les Geraldins et les de Burgh sont complètement réglées par les bons offices de Sir John Wogan, vice-roi d'Irlande. (*The Earls of Kildare and their ancestors*, par le marquis de Kildare, page 26.)

Dans le compte du trésorier d'Irlande, au chapitre des dépenses ordinaires, en date du 26 novembre 1298, figure JOHN WOGAN, 1er justicier d'Irlande, pour une somme de 411 livres, 19 sols et 8 1/2 deniers, du chef de trois quartiers d'année et 27 jours de fonctions.

WALTER WOGAN, chanoine de l'église de Saint Patrick, à Dublin, est cité dans une charte du 14 décembre 1298.

1299 (An. Edwardi 29). Edwardus Rex., oct. Sciatis quod Mathilda la Bottiler, una heredum Roberti, Baronis del Naas, venit in cancellaria nostra, coram, Mro. Thoma Cantok, Cancellario nostro Hibernie, recognivit quoddam scriptum, in hæc verba. Octo. Mathilda La Botillere, nov. mc. q. elam. Epo. Menev. jus quod here in Daniferatum vel Senescalciam in tenemento de Castro Mauricii, etc. Dat. Dublin. anno Ed. 29. Test. Dno. Johe Wogan, Capitali Justiciario, Giberto de Sutton, Johe de Fresingfield, Wm. de Kaerlion, Johé Beneger, Wmo. Le Poer.

Et quod Georgius de Rupe alius heredum dicti Baronis venit et recognivit scriptum in hæc verba. Octo. Georgius de Rupe. (ut prius, fere, sed) Testes sunt. J. Wogan. Capit. Justic., Thoma de Rupe, Rico Symond, Johe Beneger, Wmo. Poer.

1299. Johannes Wogan, miles justiciarius Hibernie, autoritate brevis ad eundum, cum domino rege in Scotiam, monicit Richardum de Burgo, comitem Ultonie, Galfridum de Geneville, Johannem Fitz Thomas, id Fitz Morris, Theobaldum de Butler, dominum Thomam Verdon, dominum Petrum Bremingham, dominum Eustace de Pouer, dominum Hugonem de Prechell, Johannem de Cogan, Johannem de Barry, Walterum Limfaunt, Willmum Caddell, Richardum de Exeter, Johannem Pipard, Walterum de Lacy, Johannem de Wale, Mauritium de Carrwe, Georgium de la Roch, ut essent in Withwaloun primo Martii. (*The Earls of Kildare*, par le marquis de Kildare.)

En l'année 1300, et par suite des grandes sommes d'argent dépensées par Wogan au service du roi et dans l'intérêt de la couronne en dehors des appointements à lui alloués par le monarque, le roi donne ordre au trésorier et aux barons de l'Échiquier d'avoir à s'acquitter, par devers lui et de lui verser une somme de 500 livres que lui accorde le roi pour subvenir à ses dépenses.

Un autre WALTER WOGAN, gouverneur du château de Kildare, se trouve porté pour 10 livres d'appointements dus depuis le 15 juillet 1301 jusqu'au 15 janvier suivant, dans le rôle des payements et des dépenses ordinaires du temps de Richard de Bereford, trésorier d'Irlande.

1302. Univ. Johes Wogan, Miles, Ducis de Pykton, novimus nos teneri Dno. David, Epo. Mever. ad reddend. litteres Hugonis, Baronis de Naas, de octobrio de Castro Mauricii in Pedibiarck, Datum apud Pykton.

1305. (Ao. Regis Edwdi 34, 6 feb.). Octo. Galfrid. Le Bret et Secelina, uxor ejus, tercia sororum et heredum Roberti, fratris et heredes Hugonis nuper Baronis del Naas ; Novimus nos pro me et heriditibus meis et Secelina, predea, ad instantiam nobilis viri, Dni Johis Wogan, Justic. Hiberna et pro quadam summa pecuniæ, quam clamasse David Menev., Epo. Jusnrm in Manerio de Castro Mauricii in Wallia et warrantizabimus etc. Et ad warantiam illam obligo me et heredes meos et Manerium meum de Rathfernam, prope Dublin, et œs, allias terras meas in Hibernia. Datum Apud Dublin, 6 feb. Ao. 1305. (Excerpta ex Cartul. Cath. Saint-David, *Glamorganshire and Pembrokeshire Pedigrees,* par Sir Thomas Philipps. — Section des manuscrits au British Museum de Londres.)

En 1307, Édouard II confie à Sir John Wogan la mission de se saisir des Templiers et de leurs possessions dans le royaume d'Irlande. Philippe-le-Bel, roi de France, poussé par des besoins d'argent, avait déjà pris les mesures nécessaires à la saisie de leurs biens sur son territoire. A son instigation, le roi voulut adopter en Angleterre des mesures semblables.

Le 20 décembre, le roi donna secrètement l'ordre de saisir le mercredi suivant, la Fête prochaine de l'Epiphanie, les personnes, les propriétés et les papiers de tous les Templiers en Irlande. L'ordre royal devait être exécuté avec la plus grande diligence, de façon à empêcher que les Templiers de France apprennent ce qui se passait en Angleterre. Ordre avait été donné aux *sheriffs* de s'assembler à une certaine date en un point déterminé afin d'être informés des ordres qu'avait à leur faire communiquer le roi. Les shériffs, leurs clercs et leurs serviteurs devaient prêter serment de garder sur ces ordres le secret le plus absolu. Le plan ne réussit pas complètement. Deux ans après, en effet, certains Templiers jouissaient encore de leur liberté. Les propriétés de l'Ordre n'en furent pas moins saisies et données aux Chevaliers de Saint-Jean, appelés communément les Hospitaliers. M. Gilbert, déjà cité, remarque que les Templiers en Irlande ne furent victimes d'aucune de ces tortures qui avaient été infligées à leurs frères de France. Depuis, l'histoire a rendu justice aux membres de cet Ordre et les a absous de la plupart, sinon de tous les crimes qu'on leur reprochait. Que leur mission n'était pas complètement terminée encore, nous en avons la preuve, dans la terreur qui remplit l'Europe toute entière pendant près de trois siècles après, et cela jusqu'au moment où la puissance des Turcs, leur puissance agressive du moins, fut anéantie par Don Juan d'Autriche à Lépante, et par Sobieski sous les murs de Vienne.

1308. Sir Thomas Wogan, Ier gouverneur d'Irlande, qui avait succédé à son père le jour même de son décès, marcha à la tête des troupes du roi contre les O'Tooles et les O'Byrnes de Wicklow. Il fut battu et dut prendre la fuite. Plusieurs de ses chevaliers furent tués. La garnison de Castlekevin fut passée au fil de l'épée et les établissements anglais dans le district furent pillés et incendiés. (*The Wogans of Rathcoffy*, by Rev. Denis Murphy.)

1308 (6 Junii). In Glyndelory alias Glynmolowra, Johannes Wogan, Justiciarius Hibernie, in fugam evactus per Hibernia rebellis ibidem, et Johannes de Sancto Howgelyn, Johannes Northon, Johannes Brereton et plures alie fuerunt interfecti Downlowan, Typper et plures alie villæ cremate fuerunt per eosdem rebellis. (*The Earls of Kildare*, by the Marquis of Kildare).

1309. John Wogan, vice-roi d'Irlande, nomma une commission chargée d'inspecter les eaux et les biefs de la rivière Liffey entre Dublin et l'endroit appelé *Saut du Saumon*, afin de savoir par qui les biefs avaient été construits en dernier lieu et faire cesser tous dommages.

En 1310, John, fils de John Le Poer, chevalier, abandonna à ce Sir John Wogan ainsi qu'à Isabelle, sa femme, les redevances de toutes les terres qu'il possédait après le décès de William de Clare ou de Lord Jordan Fitz Jordan, de Exeter.

1311. Sir John Wogan, vice-roi d'Irlande, convoque le Parlement à Kilkenny. Des lois sages furent votées, mais elles ne reçurent pas d'exécution.

1314. WALTER WOGAN était du nombre des seigneurs d'Irlande auxquels Edouard II, roi d'Angleterre, adressa une charte-lettre, datée de York, le 12 août 1314, par laquelle ce prince les priait d'écouter et d'aider Jean de Hotham qu'il avait chargé de ses affaires particulières en différentes contrées d'Irlande. (*Rymer. — Fœdera, conventiones, literæ et cujus cunque generis acta publica inter reges Angliæ et alios*, tome II, partie I, folio 70.)

THOMAS WOGAN, écuyer, l'archevêque de Cashel et d'autres seigneurs d'Irlande furent désignés par une charte d'Edouard III, roi d'Angleterre, donnée à Harle, le 4 août 1332, pour assurer l'exécution du traité de paix entre les Anglais et les Irlandais. (*Rymer.* — Ouvrage cité, tome II, partie III, folio 80.)

1316. Le roi Édouard II fait don au même Wogan de toutes les terres de *Kilkea, Castledermot, Bert, Moone, Carbry, Allen, Combre et d'Okethy* pour lui et ses héritiers y compris les redevances de chevalerie et les bénéfices des églises. A la même occasion, le roi lui donne la garde des terres de John Le Cogan qui venait de mourir et qu'il devait tenir pendant la minorité de l'héritier de Cogan, pendant que Walter Wogan était lui-même chargé de réunir les secours fournis par le comté de Wexford et ses villes industrielles pour la répression « de la malice » des Irlandais des montagnes de Leinster. En 1320 ce Walter Wogan était Justicier (*in eyre*).

1319. Les comtes de Kildare et de Louth, Arnold Le Poer et Sir John Wogan font partie d'une commission ayant pour objet de faire une enquête au sujet des trahisons commises en Irlande pendant l'invasion de Bruce. (*The Earls of Kildare*, par le marquis de Kildare. Dublin.)

Le *Calendar of the Patent Rolls preserved in the public Record Office*, Règne d'Edouard III (Imprimé à Londres en 1891), relate deux chartes relatives à un membre de la famille de Wogan, dont voici l'analyse.

1327. A Westminster, 20 février. Lettres patentes de protection, avec la clause *Nolumus*, pour un an, en faveur de WALTER DE WOGAN se rendant en Irlande pour le service du roi.

1327. A Nottingham, 10 novembre. Permission au prieur et au couvent de Sainte-Catherine, près du Saut-du-Saumon, en Irlande, d'aliéner en main-morte toutes leurs terres, patronats et autres propriétés, après enquête faite par WALTER WOGAN, *escheator* en Irlande (1).

1335. Thomas Wogan, se trouve sur la liste des notables qui durent rejoindre John Darcy avec de l'infanterie et de la cavalerie, lors de son expédition en Écosse. (*Rymer.* —vol. 11, p. 906. *Grace's Annals*, page 173. Bibliothèque du Collège de la Trinité, à Dublin.)

1344. Thomas Wogan, était gouverneur du château de Clonmore. Il reçut l'ordre, et cela en obéissance à une récente proclamation du roi Édouard III, de résider sur ses propres terres, dans le comté de Wicklow, cela pour leur sauvegarde et celle des pays avoisinants.

1356. Thomas Wogan, par suite de l'étendue de ses biens, ajoutés surtout à ceux dont il avait hérité de son père dans le comté de Kildare, reçoit ordre de surveiller et de protéger le comté de Kildare avec hommes et chevaux armés et équipés à ses frais (huit *hobillers* et vingt-quatre archers à pied).

1359. John Wogan, assiste à un grand Conseil.

1361 (Pâques). Le nom de John Wogan se trouve sur la liste des propriétaires terriens jouissant de bénéfices ecclésiastiques en Irlande, qui résident en Angleterre, et qui furent convoqués à Westminster. (*Grace's Annals*, p. 175, n° 5. Bibliothèque du Collège de la Trinité, Dublin.)

1374. Henry Wogan, chevalier, sénéchal des libertés de Wexford, est chargé de se rendre auprès du roi d'Angleterre Édouard III, au sujet d'événements importants qui se passaient en Irlande.

1385. David Wogan reçoit du trésor certaines sommes eu égard aux nombreux hommes et chevaux à lui appartenant qui avaient été tués ou blessés dans les guerres de Leinster.

1386. Il fait partie de la commission chargée d'établir et de recevoir la taxe appelée *Smoke Silver* dans le comté de Kildare. Ce fut à cette occasion qu'il reçut en partage les châteaux de Kilkea, Castledermot, etc.

1394. John (Margaret fut sa femme), fils et héritier de David Wogan, meurt laissant quatre filles cohéritières. Une d'elles épousa

---

(1) *L'Escheator* est l'officier qui rapporte à la trésorerie de l'Echiquier les biens échus au roi par droit d'aubaine, de confiscation ou autrement. Ce terme n'a pas d'équivalent dans la langue française.

John Bedlowe, chevalier. David ou John assistèrent au grand Conseil qui fut tenu à Kilkenny en la même année.

1407. David Wogan (Anastasie sa femme), fut autorisé à exporter du blé de l'Irlande pour l'approvisionnement de ses châteaux au pays de Galles.

En 1411, eut lieu la célébration avec beaucoup d'apparat du mariage entre John Wogan et la fille de Christopher Preston. (*History of Ireland*, by Ed. Campion, page 218.)

En 1421, eut lieu la saisie du manoir de Rathcoffey (1), celle de la

(1) Le château de Rathcoffey, dont il sera souvent question en cet ouvrage, a été pour ainsi dire le berceau irlandais des Wogans. Il se trouve situé dans la partie nord du comté de Kildare et certes, sa position a été magnifiquement choisie. On y a vue sur le *Magh Life*, la merveilleuse plaine de la Liffey, point où cette rivière quitte les collines de Wicklow pour aller se jeter dans la baie de Dublin. On arrive au château par une large entrée défendue par un pont-levis et une tour qui datent du xIII⁰ ou xIV⁰ siècle. Rathcoffey est un nom qui appartient à cette commune, aussi à un village qui en est proche ainsi qu'à la paroisse dans laquelle tous deux se trouvent situés. Je ne connais pas l'origine de ce nom. Je remarquerai seulement qu'à l'heure qu'il est le nom de Coffey se rencontre encore assez souvent dans le voisinage. (*The Wogan's of Rathcoffey*, by the Reverend Denis Murphy.)

Le château de Rathcoffey et les terres qui l'avoisinent ont été loués aux Révérends Pères Jésuites du Collège de Clongowes, par les héritiers d'Archibald Hamilton Rowan, qui avait acheté ce château en 1826, et qui l'habita pendant quelques années. Une très jolie reproduction de Rathcoffey existe dans les cartes baronniales de Petty. Le château est représenté avec une tourelle à chacun de ses quatre angles. Ces cartes avaient été capturées par un corsaire français dans la mer d'Irlande, alors que Petty les transportait en Angleterre. Plus tard un général irlandais du corps du génie, Vallancey, obtint la permission de les copier à la Bibliothèque nationale de Paris où elles se trouvent actuellement. (Extraits des ouvrages *The Cromwellian settlements in Ireland* et *Histoire du château de Rathcoffey*, par John P. Prendergast.)

Rathcoffey se trouvant sur le territoire du roi Dermot Mac Murrough fut transmis, avec le reste de ce territoire, au roi Henri II d'Angleterre en l'année 1172. Le roi transmit la totalité du comté de Leinster à Strongbow.

Strongbow donna des terres importantes dans le nord du comté de Kildare à Adam de Hereford qu'il avait amené avec lui d'Angleterre. Adam de Hereford, qui n'était pas assez puissant pour défendre seul ces importants territoires, les divisa, en donnant une partie à ses frères John et Richard ; à John, il donna entre autres territoires, Meinham et Rathcoffey. Ces deux terres appartinrent ensuite à Thomas de Hereford, fils de John. Elles passsèrent de là à Walter de Rochfort qui épousa Eva, fille de Thomas de Hereford. (*Registre de l'abbaye de St. Thomas* à Dublin, edited for Master of the Rolls by Dʳ Gilbert, page 102.)

En 1291, nous trouvons la baronnie d'Okeathy, dans laquelle se trouve située Rathcoffey, en la possession de Lord Rochfort qui en cette année partagea ses domaines y compris Rathcoffey et Mainham entre ses héritiers mâles à venir. Étant mort sans héritiers mâles, son héritière Margaret épousa Gérald, 5⁰ comte de Kildare et ainsi les domaines des Rochfort passèrent à la maison de Leinster. (*Kilkenny Archeological Journal*, vol. 1, page 525 et *The Earls of Kildare*, page 37.)

Mais Rathcoffey fit exception, car par une charte du 27 août 1317, ce domaine fut transféré par le roi Édouard II à John Wogan. (Voir aux *pièces justificatives* fin de l'ouvrage, *Exchequer Rolls* 9 E. A. II n⁰ 1200.)

Rathcoffey resta en la possession de la famille de Wogan jusqu'aux guerres de 1641. En cette année, les soldats de Rathcoffey et de Clongonswood, ayant été faits prisonniers moitié de la baronnie d'Okethy, celle de 40 shillings de rente produite par Clane, etc., etc., délivrance faite à Nicolas Wogan de Rathcoffey, gentleman, héritier de William Wogan, décédé.

1426. Thomas Wogan, chevalier, est nommé *Guardian of the Peace.*

1427. Ce même Thomas Wogan, chevalier, ayant été fait prisonnier par les Mac Murrough dans les guerres de cette partie du Leinster, obtient sa rançon en échange de 240 marks, dont une valeur égale à 500 francs fut payée par le trésor. Immédiatement après cet incident, le don des châteaux ci-dessus mentionnés lui fut confirmé par une patente de la Couronne. Il était fils cadet du David Wogan, cité ci-dessus et mourut en 1433.

1442. On trouve enfin dans le *Roll of the Proceedings of the king's Council in Ireland*, qu'un Richard Wogan (Owgan) était Chancelier de ce royaume sous Henri VI en l'année 1442.

1445. Hugh Wogan fut l'objet d'une amende pour ne pas avoir été présent au Parlement de Drogheda.

1446. Richard Wogan est élevé à la dignité de *Lord Grand Chancelier* d'Irlande.

1454 (23 janvier). « Qu'il plaise aussi votre hautesse savoir que lesdits William Boteller, Nicolas Wogan, David Wogan et Richard Wogan sont venus avec divers ennemis irlandais et rebelles anglais au château de Rathcoffey où habite Anne Wogan, autrefois femme de Oliver Eustace et maintenant veuve du roi, brûlèrent les portes dudit château et prirent avec eux prisonniers Anne Wogan, ainsi qu'Édouard, fils d'Eustace, et héritier apparent de ladite Anne, âgé de huit ans et qu'ils les détiennent prisonniers. Ils s'emparèrent aussi des effets et du mobilier de ladite Anne pour une valeur de 500 marks. »

(Extrait d'un document adressé par les notables du comté de Kildare à Richard, duc d'York, vice-roi d'Irlande, et fournissant un rapport sur l'état du pays.) (Traduit de l'ouvrage intitulé : *Collection des Diocèses de Kildare et de Leighlin*, par le Rev. M. Comerford M. R. J. A.)

furent au nombre de 120 transportés à Dublin, puis exécutés, et il y eut un tel massacre de femmes et d'enfants à cette occasion, que ce fut à peine si la vingtième partie de la récolte put être ramassée faute de bras. (Extrait de *Appendix to « Curry's Civil wars »*.)

Dans la suite, Rathcoffey fut perdu par Nicholas Wogan à la suite de confiscation et donné en 1666 au duc d'Ormond ne réservant sur le tout que ce qui constituait le douaire de Catherine, femme de Nicholas.

Une petite portion de la propriété des Wogan, fut en 1684 restituée à cette famille. (*Journal of Royal Society of Antiquaries of Ireland*, for last quarter 1890, page 321.)

1480. Obiit Colonel Wogan frater nostre congregacionis M° CCCC° LXXX j°. (*The Earls of Kildare*, page 55.)

1524. *Obiits and Martyrology of Christchurch.* — Obiit Johanna Wogan, Sorori nostri congregacionis. (*The Earls of Kildare*, page 44.)

1557 et 1558. Nicholas Wogan était un des membres de la commission qui siégea pendant l'absence du député ou Lord lieutenant.

1559-60 (8 mars). Commission nommant Nicholas Wogan de Rathcoffey juge de paix dudit comté.

1560 (7 juillet). Nicholas Wogan de Rathcoffey, David Owgan, Edward Misset et d'autres reçoivent l'ordre de rassembler les troupes dans le comté de Kildare, de faire appeler devant eux tous les sujets de chaque baronnie et de les aider en fourniture d'armes, de chevaux, de cavaliers et d'infanterie, selon la manière et l'importance de leurs terres et de leurs fortunes, ainsi que l'indiquent les instructions du vice-roi, les coutumes et les lois du royaume. (*Report of the Deputy Keeper of the Rolls*, fiant n° 260.)

1561 (29 juin). Nicholas Wogan de Rathcoffey reçoit l'ordre ainsi que d'autres de rassembler et d'armer les habitants du comté de Kildare, de disposer l'emplacement des troupes pour la défense du comté, de punir, à *l'aide de l'amende et de la prison, ceux qui n'obéiraient pas,* faire tout ce qui peut être nécessaire à la conservation de l'ordre, traiter avec les ennemis et les rebelles, passer des contrats, châtier les ennemis et les rebelles et, à cet effet, choisir parmi eux un général en chef. Ces pleins pouvoirs termineront au retour du vice-roi qui se trouve actuellement dans le nord de l'Irlande. (*Report of the Deputy Keeper of the Rolls.*)

1561. Nicholas Wogan et d'autres reçoivent un ordre semblable à celui ci-dessus pour les comtés de Dublin, de Kildare, de Carlow, de Meath, de Westmeath, de Louth, de King's et de Queen's County. (*Document détruit* en partie, pas de mois, ni de quantième.)

1563 (1er mars). Le vice-roi ou lord lieutenant informe le Conseil privé qu'il a convoqué à un meeting les nobles, le conseil et les commissaires des comtés, afin de connaître leurs réponses quant au projet de réquisitionner la valeur de deux mois de nourriture pour la troupe et de fourrage pour leurs chevaux. Les notables qui ont assisté à ce meeting affirment que leurs vassaux préfèrent être pendus aux portes de leurs habitations plutôt que d'amener un pareil précédent, c'est-à-dire, de les fournir de victuailles, alors qu'eux-mêmes ils donnaient déjà leurs services en armes. Les commissaires pour le comté de Kildare étaient : le comte de Kildare, le vicomte Baltinglas, l'Évêque de Kildare, Sir Henry Radclyff, Sir Frauncis Harbarde, Sir Morris Fitz Thomas, John Eustace de Castlemarten, Aylmer, des Lyons, Patricke Sarsfield, Wogan de Rathcoffey et le Sheriff. (*The Earls of Kildare*, par le marquis de Kildare, page 87.)

1565. Certificat donné à David Wogan de Ladyton, comté de Kildare, constatant que ses terres de Ladyton seront dégagées de toutes redevances ou subsides par Philippe d'Espagne et Mary d'Angleterre. C. 12. Daté du 22 novembre 1565. (*Report of the deputy Keeper of the Rolls*, page 780.)

1572 (juin). Commission à Gerald, comte de Kildare, Roland Eustace, vicomte de Baltinglass, Robert, évêque de Kildare, Sir Maurice Fitz Gerald de Lakagh, Sir William Sarsfield, Tipper ; William Wogan de Rathcoffey et d'autres de faire amener devant eux tous les habitants du comté de Kildare à quelque condition qu'ils appartiennent, de lever sur eux la taxe de guerre selon leur degré de fortune, leur faire fournir le nombre de cavaliers et d'hommes de pied nécessaire et de faire des assemblements partiels des hommes de chaque baronnie et ce avant le 1er juillet.

1573. Gerald, comte de Kildare, Nicholas Wogan de Rathcoffye, Davy Wogan de Ladyton et d'autres reçoivent l'ordre de rassembler et de faire prendre les armes aux habitants du comté de Kildare. (*Même ouvrage*, page 2435.)

1574 (juillet). Autre commission semblable à la précédente et adressée à William Wogan et aux mêmes personnages avec cette condition que les commissaires ci-dessus nommés après avoir opéré le rassemblement commandé, diviseront leurs hommes par compagnies, qui ne seront pas de plus de deux ou trois pour chaque baronnie. Ils verront que les connétables de la baronnie se présentent devant eux à une date donnée, munis de la liste des hommes de leur baronnie entre les âges de 15 et de 60 ans, accompagnés des chevaux, des armes, arcs, flèches, fusils et autres appareils de guerre, qui auront pu être préparés à cette époque pour le service de Sa Majesté. Tout homme valide qui ne fera pas acte de présence sera mis à l'amende de 20 shillings. Le jour de la revue il sera dressé liste de tous les hommes qui se seront présentés, faisant distinction entre les archers, les arquebusiers, les hommes armés de haches, les cavaliers et les fantassins, aussi de tous

2

ceux qui possèdent un cheval, une cotte de mailles, une lance, un arc et des flèches, hachette, sabre, fusil, ou haubert en armure. Aucun homme requis par la loi comme devant fournir cheval ou armure ne pourra se présenter comme domestique ou comme remplaçant pour un autre. (*Report of the Deputy Keeper of the Rolls*, p. 2444.)

1580 (novembre). Dans l'ouvrage *The Earls of Kildare*, par le marquis de Kildare, Dublin, page 239, 2e paragraphe, se trouvent des parties de la confession de Wogan qui ont trait au comté de Kildare ainsi que d'autres accusations le concernant. Dans le paragraphe 3, il est dit que Olivier Eustace, un rebelle examiné, confessa que le comte de Kildare et le vicomte de Desmond s'en allèrent à cheval dans la direction des troupes et que lorsqu'ils furent arrivés à Killein, à deux milles de Tara, le vicomte mit pied à terre au milieu de ses hommes. Le comte donna alors à ses cavaliers l'ordre de rester avec eux, à l'exception de quelques-uns qui l'accompagnèrent sur la colline. A son retour, ils montèrent à cheval et chevauchèrent ensemble jusques vers le soir. Le vicomte de Desmond s'en alla souper chez Wogan de Rathcoffey et le comte s'en alla à Maynooth.

1581. Richard Wogan est exécuté à Dublin en même temps que trente-six chevaliers des provinces de Leinster et de Meath pour avoir pris part à la rébellion de Lord Baltinglas.

1582 (19 juillet). Pardon (amnistie) à Oliver Wogan de Downings, Gerald Wogan, James Wogan, Edward Wogan, Laurence Wogan, Robert Wogan et Christopher Wogan fils dudit Oliver Wogan, sous condition que si aucun de ces personnages appartient à la nation ou au *Sept* (race) des O'Connors, le pardon sera nul et non avenu. (*Report of the Deputy Keeper of the Rolls*; Fiant 3964 — Four Courts Dublin.)

La grande et intéressante collection intitulée : *Calendar of State papers Ireland*, nous fournit aussi des documents authentiques dont voici l'objet :

Dans l'Etat des terres et des biens confisqués aux rebelles et remis au lord député de la reine Elisabeth, depuis son arrivée en Irlande, et rédigé à Dublin, le 27 janvier 1582, on lit que la moitié des biens de WILLIAM WOGAN, estimée à 20 livres, est attribuée à Thomas Grimstone, gentilhomme du lord député. Le trésorier Wallop, dans son compte daté de Dublin le 28 janvier 1582, mentionne ce WILLIAM WOGAN DE RATHCOFFEY parmi les patriotes condamnés.

1583. D'autres terres de ce WILLIAM WOGAN furent données par

Elisabeth à Nathaniel Dillon (10..... 1582) et à Lod. Bryskett (16 mars 1583).

Mais le lord chancelier de justice à Dublin accueillit favorablement, le 29 mars 1583, une demande présentée par Henry Burnell pour la réhabilitation de RICHARD WOGAN, fils de WILLIAM WOGAN naguère convaincu de haute trahison envers la Reine.

1588 (20 mai). Donation par lettre signée d'Elisabeth, reine d'Angleterre, à Nicholas Wogan de la sixième partie des terres domaniales et d'un moulin dans le manoir de Rathcoffee, plus les terres de Belgarde, Portegloriam, Cloneferte, Clane, Castelkile et Oldtoune of Donoure et de la sixième partie de Carnalwey perdues par la confiscation à la suite de la lèse-majesté de Thomas Eustace de Kerdiffeston et à l'usage de William Wogan de Rathcoffie, aussi les terres de Gragfootall, Gragoddie et de Kilcock dans le même comté, qui deviendront propriété de la Reine aussitôt après la mort de veuve Catherine Fitzgerald, par la lèse-majesté dudit William Wogan, aussi de rentes capitales payables hors du produit de Richardston, Farnanton, Clonefast, Boyseston, Byrtesballagh, Garveston, Gingerston, Halvoyeston, Barreteston, Landanston et Clane, qui se trouvent actuellement entre les mains de la Reine à la suite de la confiscation des biens dudit William Wogan. Que ceci soit garanti à jamais par la deux centième partie de l'impôt de chevalier, sur la demande de Henri Burnell et au profit de Nicholas Wogan.

En 1596 mention est faite de Wogan de Rathcoffy dans l'ouvrage ayant pour titre *Perambulation of the Pale*. (*The Wogan's of Rathcoffy*, par le Rev. Denis Murphy.)

1598-1600. Les personnages dont les noms suivent reçurent leur pardon en 1598 et 1600 (on présume donc qu'ils durent prendre parti pour les « Geraldines ») : Piers Walshe, Fitz Piers de Moynally et Howell Walshe, Wm Fitz Oliver Fitz-Gerald, Gerald Wogan de Downings, etc., etc., etc. (*State of Ireland en 1598*, par Edmund Hogan, S. I, page 50.)

1602 (24 avril). Accord fait à Robert Elliott de la tutelle et du mariage de William fils et héritier de Gerald Wogan de Downings, comté de Kildare, et de la garde de ses biens pendant sa minorité. Rente 14 shillings, dont 6 seront retenus pour l'entretien du mineur. Le tuteur s'arrangera pour que son pupille soit élevé et maintenu dans la religion anglaise au collège de la Trinité à Dublin, et cela à partir de sa douzième jusqu'à sa dix-huitième année révolue. (*Report of the Deputy Keeper of the Rolls*, p. 6609.)

1605. Dans une requête adressée en 1605 au lord député du roi Jacques Ier, en Irlande, par la noblesse du *Pale anglais* (*English Pale*) pour réclamer la liberté de religion et de conscience, on voit, parmi les gentilshommes signataires du comté de Kildare, Nicholas et Thomas Wogan.

1608. Dans l'ouvrage ayant pour titre *A description of the State of Ireland*, il est dit qu'un des plus beaux châteaux du comté de Kildare c'est Rathcoffey et qu'un des notables de ce comté est Wogan de Rathcoffey. (*The Wogan's of Rathcoffey*, par le Rév. Denis Murphy.)

1608. Nicholas Wogan de Rathcoffey est cité au nombre des lords, des chevaliers et autres officiers du comté de Kildare à la date du 28 juin 1608.

Thomas Wogan est nommé un des membres du jury du Roi pour la baronnie de Conally, même année.

Membre du jury pour la baronnie de Clane, même année : William Wogan de Downings. (*Calendar of State Papers*, 1603-1624.)

1609. Plus tard, c'est-à-dire le 30 novembre 1609, le même Nicholas Wogan de Rathcoffee, dans le comté de Kildare, pétitionna pour obtenir des concessions de terres rendues par la couronne. (*Commissions of surrenders and sale of lands on defective titles.*)

1636. David Wogan de New-Hall, comté de Kildare. — Nicholas Wogan de Blackhall, son quatrième fils, mourut en juillet 1636. Il avait épousé Margaret, fille de William Hollywood de Herbertstown, comté de Meath, dont sont issus quatre fils : 1° William, 2° Charles, 3° Edward, 4° Thomas. (*Irish Pedigrees*, by O'Hart.)

En 1636 eut lieu la mort de Nicholas Wogan de Blackhall, comté de Kildare, quatrième fils de David Wogan de Newhall dans le même comté. Il avait épousé Margaret, fille de William Hollywood de Herbertstown, dans le comté de Meath, dont il eut quatre fils : 1° William, qui épousa Elisabeth, fille de Edward Wogan de Grangerosnolvan, comté de Kildare; 2° Charles; 3° Edward et 4° Thomas, tous célibataires, dit l'Entrée funéraire de ce Nicholas dans le *Herald Office*. Il mourut en juillet 1636 et fut enterré à Kilmaoge dans le même comté.

1644 (10 février). Déposition de Thomas Ash de Naas faite par devant Sir H. Meredyth, Chancelier de l'Echiquier du comté; Déclare

que la rebellion dans le comté de Kildare éclata sur la rumeur
et l'avis que les lords du Pale avaient déclaré faire cause commune
avec les rebelles du nord de l'Irlande; que Roger Moore (Rory
O'Moore) s'en vint dans le comté de Kildare et, qu'à sa demande, un
meeting eut lieu auquel assistèrent les gentlemen du comté. D'accord
avec Roger Moore, ces nobles nommèrent certains d'entre eux à des
fonctions. Parmi ces nominations se trouvait celle d'Oliver Owgan
au grade de capitaine et de Nicholas Owgan de Rathcoffey aux fonctions de membre du conseil de guerre. Plusieurs personnes dans les
différentes baronnies furent chargées de réunir les prestations de
serments des protestants et de faire battre le blé qui appartenait aux
Protestants pour l'usage de l'armée de la Rebellion. Examiné plus à
fond, il dépose qu'au meeting de Naas, en compagnie de Roger
Moore et de Lysagh Birne, colonels des rebelles, se trouvaient
Rowland Eustace de Blackhall et William Owgan de Downings; que
Christophe Sherlock de la Dirr devait prêter audit conseil huit cents
livres sterling pour l'entretien de l'armée et aussi que le conseil de
guerre signa une lettre adressée à lord Gormanstown, lui demandant
d'être leur général, mais qu'il ignore quelle réponse fut faite à ces
offres. Il ajoute que ledit conseil de guerre convint de lever
mille cinq cents hommes d'infanterie et cent cavaliers pour aller
assiéger Dublin et qu'il fut entendu que le comté de Kildare les
fournirait de viande, de boissons et de bétail pris aux protestants et
que lorsque ces ressources seraient épuisées, ladite armée serait
approvisionnée par le comté de Kildare, à l'aide de ses seules
ressources et à sa seule charge.

1642 (5 juillet). Déposition de E. Marrett de Rathcoffey, yeoman
(cavalier), par devant William Hilton, écuyer, un des barons de
l'Echiquier. Ledit Marrett affirme « que depuis un an et demi, il a
« été valet chez Nicholas Owgan de Rathcoffey, et que depuis le
« commencement de la guerre avec l'Angleterre, Gilbert Talbott et
« Thomas Owgan qui sont des rebelles reçurent plus d'une fois aide
« et secours; mais qu'il ignore quelle quantité de poudre à canon ou
« de munitions avait chez lui Nicholas Owgan et d'où elle était
« venue. »

1642 (9 juillet). Déposition de Patrick Jordan, de Rathcoffey, faite
par devant le même William Hilton. Ledit Patrick Jordan fait savoir
qu'il était chez Nicholas Owgan de Rathcoffey vers Pâques et qu'il a

habité en cet endroit jusqu'à la prise du château, et que John Owgan s'y trouvant à cette époque, lui a dit qu'il y avait dans les caves cinquante-six livres de poudre à canon. Le déposant ignore d'où provenaient ces munitions de guerre et il ajoute que Gilbert Talbott et Thomas Owgan étant actuellement en état de rebellion furent secourus et entretenus par Nicholas Owgan qui leur fournit de la viande, des boissons et l'habitation pendant trois jours et trois nuits à Rathcoffey et que Laurence Owgan reçut de lui les mêmes secours au château de Rathcoffey depuis le jour de la bataille de Kilrush jusqu'à la prise du château de Rathcoffey, et cela quoique Nicholas savait que ledit Laurence Owgan était un rebelle. (Tiré de l'ouvrage intitulé : *History of the Rebellion and Civil Wars in Ireland.* — Bibliothèque du Collège de la Trinité à Dublin.)

En 1642, William et Thomas, ci-dessus nommés, furent inculpés de haute trahison et déclarés coupables, de même que le furent Oliver Wogan de Downings et Nicholas Wogan de Rathcoffey.

En 1642, Nicholas Wogan de Rathcoffey fut proscrit pour haute trahison, aux assises tenues à Cork. En la même année, le général Monk s'empare du château de Rathcoffey. Soixante-dix prisonniers capturés dans le château sont pendus à Dublin comme *rebelles meurtriers.*

En 1643, Nicholas Wogan de Rathcoffey se trouvait au nombre des confédérés catholiques qui s'assemblèrent à Kilkenny et firent serment d'association. Vers cette époque, Nicholas Wogan, sa femme et sa belle-sœur, furent faits prisonniers. Lorsque sir William Parsons rendit le château de Birr à Preston, le général confédéré, ce dernier promit de leur faire obtenir leur liberté à cause de la façon honorable et humaine dont il avait été traité par eux dans des circonstances semblables.

1643. Rose Molyneux, fille de sir Bryan, épousa Nicholas Wogan de Rathcoffey dans le comté de Kildare, dont sont issus : John, Francis, Mary, Elisabeth et Anne. Cette dernière mariée à John Segrave de Cabragh, près Dublin. (*Archdall's Peerage*, vol. III, page 256. Bibliothèque du Collège de la Trinité à Dublin.)

1644. Trente ares de terre appartenant à Nicholas Wogan furent confisqués et partagés entre le duc d'Ormond et Catherine Wogan. Même année, 360 ares appartenant à Nicholas Wogan de la paroisse de Bridechurch et partagés entre le même duc d'Ormond et Catherine

Wogan. 600 ares de terres appartenant à William Wogan de Downings, papiste irlandais, furent confisqués et donnés à lord Fitz Harding. 49 ares confisqués au même W. Wogan de Downings la même année furent donnés à Fitz Gerald Aylmer. (Extrait des Books of Survey and distribution Compiles, 1661-1676. *Public Record Office, Dublin*.)

En 1646, Nicholas Wogan de Rathcoffey fut un des membres du conseil suprême à Kilkenny.

En 1653, les terres et les biens de Wogan sis à Rathcoffey et ailleurs furent transférés par *the act of settlement and the court of claims* au duc d'Ormond.

1658. John Wogan de la baronnie de Clane fait partie de la liste des Papistes, du comté de Kildare, qui refusèrent de signer le fameux acte d'abjuration institué par Cromwell.

La pénalité édictée contre tous ceux qui refuseraient de faire ce serment était la confiscation des deux tiers de leurs biens, laquelle pénalité serait répétée à chaque fois qu'ils se montreraient réfractaires aux désirs de Cromwell. On espérait ainsi terroriser la noblesse catholique que des exactions répétées avaient déjà tellement appauvrie et par la crainte de la misère et d'une ruine imminente les amener à composition. La constance et la fidélité innée de la nation irlandaise à la foi catholique se dégagea en cette occasion avec tant de splendeur, qu'un pareil exemple de constance nationale ne saurait être trouvé ailleurs dans l'histoire. Ces nobles animés de l'esprit de la foi déclarèrent qu'ils préféraient subir les dernières tortures plutôt que de mettre leur signature au bas de cet édit impie. (Appendice à la *Collection des Diocèses of Kildare et Leighlin*, par le Rev. M. Comerford M. R. I. A.)

En 1666, Thomas Owgan ou Wogan reçut une patente de confirmation pour 1230 ares dans le comté de Cork.

En plus de cet officier qui fut tué au siège de Derry, James Wogan était major dans un régiment d'infanterie du comte d'Antrim et John Wogan était capitaine dans le régiment d'infanterie de Fitz James. Il était de Rathcoffey, shériff du comté de Kildare en 1687, un de ses représentants au Parlement de Dublin et fut inculpé de haute trahison en 1691, en même temps que Patrick Wogan de Maynham du même comté.

1687. — William Wogan, shériff de Kildare en 1687, qui représenta ce comté dans le Parlement du roi Jacques II en 1689.

1689. Noms des chevaliers, des citoyens et des maires envoyés au Parlement qui fut convoqué le 7 mai 1689 : John Wogan et George Aylmer pour le comté de Kildare. (*The Irish Brigade in the service of France.*)

Henri de Burgo, auteur déjà cité, nous dit qu'il connaissait beaucoup Nicholas Wogan de Rathcoffy qui vivait en 1756 et qui mourut en 1770. Il avait épousé une fille de Sir Neill O'Neill de Killileagh, au comté d'Antrim. Ce Nicholas Wogan avait un fils qui mourut en 1743, en Italie, où il s'était rendu pour sa santé. Le château de Rathcoffy fut acheté à Richard Wogan Talbot, membre du Parlement pour Dublin en 1824, par Archibald Hamilton Rowan.

La sépulture de la famille Wogan se trouvait à Clane (comté de Kildare) sur l'emplacement autrefois occupé par le monastère élevé par saint Ailbe, plus tard prieur d'Emby, vers le milieu du ve siècle (prieuré que dirigea ensuite saint Senchell, fondateur quelque temps après du célèbre monastère de Killeagh, dans le *King's County* et y mourut de la peste connue sous le nom de *Buidhe Chonnail*, en l'an du Seigneur 548). La sépulture se compose d'un sarcophage, en forme d'autel surmonté d'une stèle (*reredos* en anglais) sur laquelle on lit l'inscription suivante, en lettres capitales romaines en relief, traduite de l'anglais :

CI GIT

WILLIAM WOGAN, ÉCUYER, DE RATHCOFFIE,

QUI MOURUT LE DERNIER JOUR DE DÉCEMBRE AN 1616,

A L'AGE DE 27 ANS.

Le tombeau est orné de six statuettes sculptées en relief; trois portent le costume masculin, trois le costume féminin. Chacune d'elles est placée dans une niche. Au-dessus de ces images se trouvent des initiales gravées dans l'ordre suivant et désignant six membres de la famille Wogan : N. W.; J. W.; W. W.; E. W.; M. W.; J. W.

Ce tombeau — qui existe encore — ne porte pas les armes des Wogan, qui sont d'or, au chef de sable, chargé de trois merlettes du champ.

Une autre pierre funéraire placée par-dessus la stèle de William Wogan, est étrangère à la famille qui nous occupe. (*The Wogan's of Rathcoffy*, by the Reverend Denis Murphy.)

La famille de Wogan, dont la fortune était considérable (*Life of William Wogan*, by the Rev. James Gatliff), possédait les terres de Rathcoffy, de Richardstown, de Kilkea, de Maynham, de Castledermot et d'Okethy. Elle figure dans le nombre des familles notables d'Irlande qui furent dépossédées de leurs domaines par Cromwell ou par les confiscations de la reine Elisabeth et de Guillaume d'Orange-Nassau, usurpateur du trône d'Angleterre.

Indépendamment des belles alliances qu'elle a contractées au pays de Galles, son berceau d'origine, nous devons citer celles des maisons distinguées d'Angleterre, d'Irlande et de France, du nom de Picton, Talbot, Sheridan, Aylmer, Plunkett, Fitz Gerald, Preston, d'Arcy, O'Neil, Sutton, du Chastel, Chamberlaine, de Querhöent, Hutchinson de Loyauté, etc.

La famille de Wogan a donné à l'Angleterre et à la France des hommes d'Etat, des législateurs de marque, des ecclésiastiques éminents et plusieurs braves officiers. Pendant ce siècle, elle a produit deux écrivains honorablement connus dans le monde des lettres, dont il sera parlé plus amplement dans la suite de ce Mémoire.

A cette famille se rattachent :

John Wogan de Baliston qui écrivit en 1516 un traité intitulé : *The Order of a King's Chamber, and how a Gentleman husher should behave himself*, ouvrage qui fait partie des Manuscrits d'Arundel conservés aujourd'hui au Collège héraldique (*College of arms*) de Londres.

Le capitaine ou plutôt le colonel Thomas Wogan de Rathcoffie qui joua un rôle si important dans la guerre de 1641.

Il a déjà été dit ailleurs et avec beaucoup de vérité qu'il n'y a que deux Irlandais dont Clarendon, dans son Histoire, peut arriver à dire un peu de bien : Daniel O'Neill et Captain Wogan, et cela encore d'une façon même peu généreuse. Voici les termes en lesquels il s'exprime au sujet de Wogan :

« Il y avait à la Cour et dans l'entourage immédiat de Roi, un jeune gentleman, Thomas Wogan, très bel homme, âgé de vingt-trois ou vingt-quatre ans. Ce personnage, alors qu'il n'avait que quinze ou seize ans, subissant l'influence corruptrice d'amis intéressés s'était trouvé engagé au service du Parlement contre le Roi, mais là, il avait fait preuve de tant de bravoure et de capacités qu'il s'était bientôt gagné en même temps que la considération générale, l'affection de tous. Il avait même obtenu l'amitié du général Ireton, gendre de Cromwell, sous les ordres duquel il avait le commandement d'une troupe de cavaliers et cela à un point tel, qu'aucun autre homme peut-être jouissait autant de l'estime et de l'affection du célèbre général. Après la condamnation et l'exécution du Roi, Wogan (1), arrivé à l'âge d'homme et de raison, était revenu à une appréciation plus saine à la suite surtout des conseils et des explications qui lui furent données par des amis plus dévoués et plus sages. Il se sentit peu à peu pris d'un immense dégoût pour ce qu'il qualifiait de meurtre horrible et impie et pour ceux qui l'avaient décrété, et il résolut de rétablir sa réputation et son honneur personnels, attaqués selon lui, en tirant une vengeance éclatante de ceux qui, disait-il, l'avaient circonvenu et trompé. A cet effet, dès que le marquis d'Ormond eut repris à nouveau et pour le Roi (1649) les rênes du gouvernement de l'Irlande, seul pays où on combattait encore pour la cause de Sa Majesté, le capitaine Wogan s'en alla à travers l'Écosse le rejoindre, et là se couvrit de tant de gloire que le marquis d'Ormond lui confia le commandement de sa propre garde, honneur mérité qui reçut du reste l'approbation unanime ». L'auteur de l'*Aphorismical Discovery* qui était loin d'avoir aucune affection spéciale pour Wogan en sa qualité de bras droit d'Ormond, parlant de lui, dit : « Thomas Wogan accompagné de huit colonels puritains, avec son régiment de cavaliers, lorsqu'ils arrivèrent à Kilkenny *avaient l'air comme autant de lâches squelettes ambulants crevant la faim* (traduction littérale). Le jugement porté par Clarendon, ainsi que nous allons le voir, est plus correct.

Après la prise de Wexford, en octobre 1649, Cromwell envoya Ireton faire le siège de Duncannon, château fort situé à l'est de la rivière Waterford. La possession de cette place était de la plus grande importance pour les royalistes parce qu'elle leur garantissait la seule approche par eau possible pour la cité. Le colonel Wogan, fut nommé gouverneur au lieu et place du capitaine Roche qui avait déclaré ne pas être à la hauteur de la tâche. Les commissaires se formalisèrent et voulurent considérer ce changement comme une infraction aux articles de la paix; mais leurs réclamations, leurs objections furent jugées inadmissibles et on permit à Wogan de rester. Cent vingt hommes faisant partie de la garde d'Ormond furent envoyés pour

---

1. Membre du Parlement, il fut un de ceux qui signa la condamnation et l'ordre d'exécution de Charles Ier, roi d'Angleterre.

aider à la défense. Lord Castlehaven fut expédié au gouverneur avec mission de s'entendre avec lui pour les plans de défense. Ayant reconnu les positions des forces assiégeantes, ils se décidèrent à faire une sortie pour attaquer un gros corps d'infanterie ennemi stationné non loin de là. Voici en quels termes Castlehaven rend compte de l'affaire :

« Le marquis d'Ormond m'envoya à Passage..... avec ordre de m'occuper de la défense de Duncannon assiégé par une partie des troupes de Cromwell. Je crois que le général Ireton les commandait, et quoique des navires appartenant à la flotte du Parlement se trouvaient devant la place, je m'aventurai un matin dans un bateau, et réussis à entrer dans le fort où je me trouvai bientôt en présence d'un brave gentilhomme, un certain colonel Wogan. Ce gentilhomme m'indiqua de la partie la plus élevée du rempart les positions de l'ennemi. Après une inspection du tout, je lui offris de lui envoyer cette nuit-là et par mer quatre-vingts chevaux avec selles et pistolets, s'il pouvait faire monter ces chevaux par un nombre égal de ses officiers anglais, de façon à se trouver en état d'opérer avant le lever du soleil avec leur aide et celui de troupes d'infanterie, une brusque et violente sortie sur l'ennemi. Il parut très enchanté de la proposition, mais il avait des doutes sur le succès de mon entreprise de transport, les chevaux se trouvant en effet à une distance de trois milles par mer. Je lui demandai de vouloir bien s'en rapporter à moi, et je l'assurai qu'il ne tarderait pas à se montrer pleinement satisfait des résultats de mon entreprise. Je pris congé du colonel Wogan et ayant regagné mon bateau, je m'en retournai d'où j'étais venu, m'occupant immédiatement de cette affaire et ne perdant pas une minute..... M'étant procuré des bateaux plats, je donnai ordre que les quatre-vingts chevaux en question fussent amenés sur le rivage, et embarqués. Ce ne fut pas sans difficulté. Ils n'en arrivèrent pas moins tous à Duncannon sans accidents et qui plus est sans avoir été découverts. Tout fut exécuté comme cela avait été prévu ; un grand carnage s'ensuivit, et les canons ennemis furent capturés. La confusion chez l'ennemi fut des plus grandes pour cette raison qu'à la vue de nos chevaux qui venaient contre eux d'un endroit où ils savaient qu'il n'y en avait pas d'habitude, ils supposèrent qu'ils étaient attaqués par une armée venue de l'étranger. Nos troupes s'étant retirées avant le jour, et avant par conséquent qu'on les pût compter, l'ennemi leva le siège immédiatement et disparut ».

Pendant le siège de Waterford à la fin de novembre, le général Farrell qui était alors gouverneur de cette place tenta de s'emparer du château de Passage. Il avait été entendu qu'il serait rejoint sur le côté opposé de la rivière par Wogan venant de Duncannon. Cromwell ayant eu vent de la résolution prise, envoya le colonel Zanchy, alors dans le nord de Blackwater, au secours de la place avec un régiment de cavaliers et deux troupes de dragons. Zanchy trouvant le fort déjà assiégé par Wogan et O'Neill eut le soin de les attaquer avant que Farrell ait eu le temps d'arriver. Les troupes d'O'Neill résistèrent bravement pendant quelque temps, mais bientôt durent céder au nombre et elles furent défaites. Une centaine d'hommes fut tués et trois cent cinquante autres avec leur général et Wogan furent faits prisonniers.

L'ouvrage *The Aphorismical Discovery* nous informe que Wogan resta prisonnier jusqu'en décembre 1650.

Dans les *Memorials de Whitelock*, datés du 22 février 1651, nous lisons « que des lettres venues d'Irlande annoncent que Wogan, *ce perfide révolté*, s'est échappé de sa prison et que le *marshall* du colonel Phayre, son gardien, ayant été acheté à prix d'argent, a pris la fuite avec lui. » Cromwell semble avoir eu une haute opinion des capacités et de la valeur de Wogan ; car, dans une de ses lettres datée du 16 janvier, lettre où il est question d'un échange de prisonniers avec Hugh O'Neill, le Protecteur dit : « Dans le cas où vous insisteriez au sujet de Wogan, j'exigerais en échange, le capitaine Caulfield avec ses officiers et tous ses hommes. » Cromwell se montrait du reste peu disposé à pardonner au colonel Wogan son évasion de prison, car dans les *Articles for the Protestant Party in Ireland*, on lit au n° 8 : « Que ceux qui déposeront leurs armes en donnant toutes sécurités que pourra désirer le Parlement d'Angleterre auront la vie sauve et rentreront dans leurs privilèges et leurs biens, ceux qui ne croiront pas devoir prendre cet engagement recevront des passeports qui leur permettront de se transporter dans n'importe quel endroit au delà des mers..... mais toutefois que seront exclus d'aucune de ces faveurs : Colonel Wogan et le marshall qui est sorti de Cork avec lui. »

En juillet 1650, Ormond écrivant à Hugh O'Neill dit qu'il avait trouvé le colonel Wogan bien employé à opérer une diversion dans le comté de Limerick. Et six semaines après, en effet, le colonel Wogan et sa troupe se trouvaient à Sixmilebridge dans le comté de Clare.

Ce Wogan quitta l'Irlande en décembre 1650 avec Ormond, et alla en France. Il se trouvait en Angleterre au mois de septembre de l'année suivante. A la bataille de Worcester, qui eut lieu le 3 septembre 1651, bataille au cours de laquelle l'armée écossaise qui était venue dans le but de rétablir Charles II dans la possession de son trône fut défaite par Cromwell, Wogan sauva la vie du roi grâce à la résistance désespérée qu'il fit à la tête de 300 cavaliers contre l'armée toute entière de Cromwell (30,000 hommes), résistance qu'il trouva moyen de continuer jusqu'au moment où le roi et le colonel Carless eurent réussi à se mettre hors de vue et d'atteinte.

Nous laisserons Clarendon raconter la fin de l'histoire :

« S'ennuyant loin des champs de bataille, à peine le colonel Wogan eut-il appris l'arrivée de Middleton en Ecosse » — ceci se passait en 1655 et non en 1649 ainsi que le dit Scott, — « qu'il résolut de le rejoindre. A cet effet il demanda aussitôt au roi la permission de ce faire, non seulement pour lui, mais pour tous ceux de ces jeunes gens de la Cour qu'il pourrait amener à le suivre, déclarant au même temps à Sa Majesté qu'il avait décidé de s'ouvrir un chemin à travers l'Angleterre, s'il le fallait. Le roi qui l'aimait beaucoup essaya de le dissuader de l'entreprise qui était pleine de dangers et de difficultés et conclut en lui refusant l'autorisation demandée. Mais, ni Sa Majesté, ni le marquis d'Ormond ne purent amener Wogan à abandonner son projet et comme ses importunités à ce sujet ne cessaient pas, il fut décidé qu'on le laisserait suivre ses inclinations et pendant longtemps à la cour il n'y eut pas de nouvelle dont il fut tant parlé et discuté que celle annonçant que Wogan allait en Angleterre pour de là gagner l'Ecosse et y rejoindre le général Middleton. Tentés par son exemple, plusieurs jeunes gentilshommes et autres personnes qui étaient à Paris s'engagèrent à faire avec lui cette expédition. Il alla alors trouver le chancelier de l'Echiquier lequel, pendant le séjour du roi à l'étranger, remplissait les fonctions de secrétaire d'Etat, le suppliant de hâter l'expédition des passeports, lettres et commissions nécessaires à l'affaire dont il s'occupait. Le chancelier qui, lui aussi, avait pour Wogan une grande considération et de l'amitié, ayant appris son projet par les paroles imprudentes de certains membres de la future expédition, lui représenta le danger de l'entreprise pour lui-même, le discrédit presque certain qui retomberait fatalement sur le roi s'il permettait à des hommes qui étaient tous porteurs de ses passeports et commissions, de s'exposer ainsi à une ruine inévitable. Le chancelier ajouta que cette affaire était devenue la rumeur de la ville et qu'en toute apparence elle ne tarderait pas à être connue aussi en Angleterre et par Cromwell, et cela, avant même que Wogan et ses amis aient pu se rendre en ce pays, de sorte qu'ils se trouveraient arrêtés dès leurs premiers pas sur le rivage; il essaya de lui démontrer à quel point lui, Wogan, courait plus de dangers que qui que ce soit pour des raisons à lui bien connues (1) et il conclut, en le dissuadant fortement d'aller plus loin.

« Le colonel Wogan répondit à la plupart de ces observations par l'assurance que lui donnait le mépris du danger et sa confiance dans sa bonne étoile sans doute, mais nullement par des raisonnements susceptibles de porter avec eux la conviction (talent du reste qu'il était loin de posséder à un bien haut degré), et, là-dessus, le Chancelier refusa expressément de lui délivrer ses passeports avant qu'il n'en ait référé au roi, ajoutant même que s'il persistait il s'emploierait de son mieux de façon à amener Sa Majesté à lui rendre impossible l'accomplissement de son projet. A ces paroles, le capitaine entra dans un immense désespoir; il fondit en larmes et supplia le Chancelier au moins de ne pas essayer de dissuader le roi. Son chagrin était si grand qu'il semblait ne pouvoir survivre à cette douleur. L'entrevue racontée au roi produisit sur Sa Majesté un effet tel qu'il donna ordre que les papiers demandés lui fussent remis immédiatement. Le lendemain même Wogan et ses compagnons d'armes au nombre de sept ou huit quittaient Paris et prenaient la poste pour Calais.

« Ils débarquèrent à Douvres, continuèrent leur voyage jusqu'à Londres et visitèrent la capitale. Ils y restèrent trois semaines, le temps pour Wogan d'acheter de ses deniers les chevaux nécessaires qu'ils gardaient dans de petites auberges éloignées les unes des autres et d'engager, à ses frais, toujours, le nombre d'hommes réclamés par l'expédition. Ils fixèrent ensuite Barnet comme lieu de rendez-vous, puis ils sortirent de Londres comme s'ils avaient été de simples soldats et se retrouvèrent à Barnet au nombre de quatre-vingts cavaliers montés, bien équipés et bien armés. La nuit suivante ils couchaient à Saint-Albans, et par petites étapes et par des chemins en dehors des routes fréquentées ils réussissaient à arriver sains et saufs en Ecosse.

(1) Sans doute à cause de sa dernière évasion d'entre les mains de Cromwell.

Souvent même ils eurent l'occasion d'attaquer à l'improviste et de battre plusieurs corps de troupes rencontrés sur le chemin et ils rejoignirent enfin, sans accidents sérieux, Middleton qui se trouvait alors dans les montagnes d'Écosse. Ce brave Wogan après nombre de combats héroïques et d'actions valeureuses fut atteint d'une blessure peu grave, mais qui en l'absence d'un chirurgien compétent, amena cependant sa mort, au grand désespoir de Middleton et de tous ceux qui le connaissaient. »

Les lecteurs du *Waverley* de Walter Scott se rappelleront la description graphique du « meeting » entre le chef des « Highlands » et le jeune Anglais et des efforts faits par le chef pour gagner l'étranger à la bonne cause. « Il y avait des raisons manifestes », dit le grand romancier, « pour que le politique chef de clan ait désiré placer l'exemple de Wogan sous les yeux de Waverley avec les dispositions romanesques duquel elles concordaient si particulièrement. La lettre qu'il envoyait maintenant traitait surtout de petites commissions sans importance que Waverley avait promis de faire pour lui en Angleterre, et ce ne fut que vers la fin qu'Edouard trouva ces mots : « J'éprouve quelque peu de rancune vis-à-vis de Flora pour nous « avoir hier au soir refusé sa société; et puisque je vous donne la « peine de lire ces lignes..... j'y joindrai ses vers sur le tombeau de « Wogan..... A dire vrai, je la crois plus amoureuse de la mémoire « de ce héros mort, qu'elle ne le sera jamais d'aucun être vivant. »

Les vers en question étaient les suivants :

A UN CHÊNE

dans le cimetière de D..., au milieu des montagnes d'Écosse et qu'on croit marquer le tombeau du capitaine Wogan :

> De l'antique constance, emblème respecté,
>   Protège de ton vert feuillage
> Ce tombeau dans lequel gît la fidélité,
> Et qui, trop tôt, fut le prix du courage.

> Et toi, preux chevalier, mort en servant ton Roi,
>   Ne regrette pas la couronne
> Qu'en des climats plus doux on tresserait pour toi,
> Avec des fleurs que le printemps leur donne.

A peine le soleil embrasant l'horizon,
     Darde ses feux sur les prairies;
Ces filles du matin, ornement du vallon,
Penchent déjà leurs corolles flétries;

Un emblème si frêle est-il digne du preux
     Qui défia le sort contraire?
Plus les périls croissaient, plus son bras généreux
Couvrait d'éclat sa trop courte carrière.

Les enfants d'Albion, lassés par le destin
     S'étaient réunis aux rebelles;
Mais tu trouvas alors aux montagnes d'Albyn
De fiers guerriers jusqu'à la mort fidèles.

Un parent ne vint pas conduire ton cercueil.
     Du fils vaillant de l'Angleterre,
Les descendants de Gaël seuls portèrent le deuil,
Et le pibroch fut ton chant funéraire.

Quel mortel cependant n'envierait ton trépas!
     Qui ne voudrait contre ta gloire
Échanger de longs jours passés loin des combats!
Wogan doit vivre autant que notre histoire,

Nous t'avons consacré l'arbre dont les rameaux
     Bravent et l'hiver et l'orage,
Rome en ceignait jadis le front de ses héros,
A ton cercueil Albyn en fait hommage.

[Les vers qui suivent sont l'original anglais de ceux de Walter Scott adressés à un chêne.]

Emblem of England's ancient faith,
Full proudly may thy branches wave,
Where loyalty lies low in death,
And valour meets a timeless grave.

And thou, brave tenant of the tomb!
Repine not, if our clime deny,
Above thine honor'd sod to bloom
The flowerets of a milder sky.

These owe their birth to genial May :
Beneath a fiercer sun they pine.
Before the winter storm decay —
And can their worth be type of thine?

No! for' mid the storms of Fate opposing.
Still higher swell'd thy dauntless heart;
And, while despair the scene was closing,
Commenced thy brief but brilliant part.

'It was then thou sought'st on Albyn's hill.
(When England's sons the strife resign'd).
A rugged race resisting still,
And unsubdued though unrefined.

Thy death's hour heard no kindred wail,
No holy knell thy requiem rung;
Thy mourners were the plaided gael,
Thy dirge, the clamorous pibroch sung.

Yet who, in Fortune's summer shine,
To waste life's longest term away,
Would change that glorious dawn of thine,
Though darken'd ere its noontide day.

Be thine the tree whose dauntless boughs
Brave summer's drought and winter's gloom,
Rome bound with oak her patriot's brows,
As Albyn shadows Wogan's tomb.

WAVERLEY DE WALTER SCOTT.

L'écrivain décrit ensuite l'effet produit sur l'esprit du jeune homme : « Ces lignes, dit-il, furent lues et relues, puis déposées sur la poitrine de Waverley, puis tirées de là encore une fois, relues encore ligne par ligne à demi voix, le tout entrecoupé de pauses fréquentes qui prolongeaient cette jouissance de l'esprit, comme l'aurait pu faire un épicurien qui en buvant à petits coups se serait efforcé de prolonger la jouissance causée par un délicieux breuvage. »

En 1690, le roi Jacques ordonna que 500,000 livres fussent levées mensuellement sur les propriétés personnelles pour l'avancement du commerce et de l'industrie. Il chargea les notables les plus influents de chaque comté d'établir la répartition de cet impôt. John Wogan fut appelé à ce poste pour le comté de Kildare.

En 1704, et d'accord avec l'acte du Parlement passé à cette époque pour l'*Enregistrement du clergé de religion romaine*, trois hommes du même nom, tous Wogan de Rathcoffy (un d'eux colonel) sont désignés comme garants pour les prêtres de trois paroisses du voisinage.

En 1776, le prince Charles-Edouard Stuart fut reçu à Cross Green House à Cork. Un de ses chambellans était William Owgan ou Wogan qui, en 1721, était le shériff de cette ville, en 1742 son maire, et lequel mourut en 1776 à l'âge avancé de 95 ans (*Hibernian Magazine*).

3

GÉNÉALOGIE

DRESSÉE EN 1840 PAR SIR WILLIAM BEETHAM, ROI D'ARMES D'ULSTER, IRLANDE[1].

I. — Sir John WOGAN, de Wiston et de Picton Castle en Irlande, 1er du nom, chevalier, vice-roi d'Irlande sous le règne d'Édouard Ier, roi d'Angleterre, mort le 6 août 1308, épousa Joan, fille et seule héritière de Sir William DE PICTON, dont l'ancêtre, ainsi que nous l'avons dit au début de cet ouvrage, un noble normand venu à Dyved en Pembrokeshire avec Arnulph de Montgomery, avait reçu ce district comme part de conquête et, lui ayant donné son nom, l'avait doté d'un château fort appelé château de Picton (2). Sir John Wogan eut de Joan :

1° Sir Thomas WOGAN, chevalier, héritier de son père qu'il remplaça dans ses fonctions le jour même du décès de celui-ci, le 6 août 1308; lequel fut père de John WOGAN, mineur, en 1324, mort sans postérité.

(1) Communiquée en mai 1894 à l'auteur de ce Mémoire par Sir Arthur Vicars, roi d'armes d'Ulster, Irlande, et complétée par des renseignements biographiques.

(2) D'après les *Glamorganshire Pedigrees*, ouvrage déjà cité plus haut, Sir John Wogan, Lord Justicier (vice-roi) d'Irlande, aurait eu d'un second lit, un fils, Sir Henry Wogan, qui épousa Margeret, fille de Willcox Dyer, écuyer, héritière de terres considérables et du château de Bolston.

Le même ouvrage cite un Lewis Wogan, écuyer, 5e descendant de Sir Henry Wogan, qui mourut au château de Bolston, le 25 mars 1692, laissant une fille unique, Anne, qui épousa le 26 décembre 1698, John Langharne, écuyer de Saint-Bridès, Pembrokeshire, avec laquelle s'éteignit le nom de la branche des Wogan de Bolston.

Cet ouvrage mentionne encore un monument élevé dans une très ancienne chapelle de Bolston (Pembrokeshire, Pays de Galles) et qui porte l'inscription suivante : Sir John Wogan du château de Bolston, chevalier, etc., mort le 14 février 16.... Ci-git aussi Lady Frances Wogan, épouse du précédent Sir John Wogan, chevalier, morte le 7 novembre 1623. Elle était fille d'Edward Pollard du château de Kings'nimpton, dans le comté de Devon, écuyer, fils de Sir Levis Pollard de Kings'nimpton, chevalier, etc., petit-fils de Sir Hugh Pollard de Kingsnimpton, chevalier. La pierre tumulaire nous informe, de plus, que Sir John était fils de Sir John Wogan de Bolston, écuyer, qui était fils de Sir Henry Wogan de Bolston, chevalier, fils de Sir John Wogan des châteaux de Wiston, de Picton et vice-roi d'Irlande, etc., etc.

Une autre pierre tumulaire dans le même endroit porte l'inscription suivante : Ci-gisent

2° John, qui suit.

3° Walter WOGAN, *escheator* d'Irlande, époux de Marguerite, fille d'Adam DE STANTIN.

4° Barthélemi WOGAN, père de William WOGAN, grand-père de David WOGAN.

5° Jeanne WOGAN, femme de Pierre LE POER, baron de Donoyll, ou Dunhill, fils de John, baron de Donoyll, au comté de Waterford.

6° Eléonore WOGAN, mariée en 1295, à Gilbert ROTHE de Ballyraghtan, écuyer au comté de Kilkenny, dont postérité.

II. — John WOGAN, 2° du nom, écuyer, fut apanagé du manoir de Kilkamoon, à Maynham, le 4 novembre 1337, nommé Shériff (1) de Kildare en 1363, épousa N...., fille de Walter DE IVETHORN (1315-1316), de laquelle il eut un fils qui suit.

III. — Thomas WOGAN, 1er du nom, lord de KILKAMOON, MAYNHAM, etc., etc., seigneuries dont il prit possession le 15 juin 1338, *Escheator* d'Irlande, en 1336, vivait encore en 1378. Il avait épousé Marguerite FITZ THOMAS, dont est issu :

IV. — Sir David WOGAN, lord de Kilka, Maynham, Rathcoffy, etc., shériff de Kildare en 1380, épousa en secondes noces Anastasie, fille de sir John BELLEW, chevalier. Elle lui donna deux enfants, savoir :

1° John WOGAN DE RATHCOFFY, écuyer, époux de Marguerite, fille et

Morris Wogan et Frances Owen de Orielton, son épouse, lequel Morris était fils de Sir John Wogan, cadet de la famille ; également, Abraham Wogan, écuyer, et Jane Mansell du Prieuré de Cardigan, son épouse, et aussi quatorze de leurs enfants. Une fille avait été enterrée à Saint-Brides. Lewis Wogan, mort le 25 mars 1702. Le dernier des Wogan de Boulston mourut vers 1770.

Les descendants de Sir John Wogan et de Lady Frances Wogan qui mourut en 1623, semblent s'être séparés. Une branche alla se fixer dans le comté de Norfolk où elle florissait vers la fin du siècle dernier. Leur terre était celle de Gawdy-Hall, près de Harleston, mais cette branche est maintenant éteinte, le dernier du nom étant mort il y a quelques années. Au sujet de la seconde branche, celle de l'Irlande, *nous n'avons pu obtenir aucune information!...* La troisième branche resta à Bolston, s'éteignit là, ainsi qu'il est indiqué un peu plus haut.

Révérend James Gattliff (auteur déjà cité).
(Biographie de William Wogan.)

(1) Le *Sheriff* est le principal juge d'un comté. Il choisit les jurés et préside le *County Court* ou Cour du comté, composée des teneurs de francs-fiefs et connaissant des affaires civiles au-dessous de 46 shillings, ainsi que la *Sheriff's turn*, sorte de cour d'assises qui se tient deux fois l'an et où se jugent la plupart des délits et des crimes ; enfin il fait exécuter les jugements. Les shériffs sont nommés par le roi sur la présentation de six candidats faite par les juges d'un comté.

cohéritière de N. Daunt d'Allon. Elle était veuve en 1419, avec quatre filles : Elisabeth, Catherine, Jeanne et Agnès Wogan.

2° Thomas, qui suit.

V. — Sir Thomas Wogan, 2° du nom, chevalier, seigneur de Rathcoffy, obtint en 1389 et 1414 sa grâce pour le fait d'avoir pris possession du manoir de Rathcoffy avant d'avoir obtenu l'investiture royale. Il laissa de Jeanne N...., un fils qui suit :

VI. — Sir Nicholas Wogan de Rathcoffy, 1er du nom, lequel était mineur en 1434. Il fut père de :

VII. — Sir William Wogan de Rathcoffy, 1er du nom, chevalier, fut shériff de Kildare de 1502 à 1504, mort le 8 août 1621. Il épousa Marguerite Fitz Gerald, laquelle lui donna les quatre enfants ci-après :

1° James, qui suit.
2° Elisabeth Wogan, femme de Philippe Hatsbury.
3° Marguerite Wogan.
4° Autre Marguerite Wogan, mariée à N. Boyse de Dollanstown.

VIII. — James Wogan de Rathcoffy, écuyer, mort avant son père, s'unit à Eléonore, fille de Garret Fitz Gerald de Ballysonan et de Clowcurry, écuyer, au comté de Kildare, dont un fils :

IX. — Nicholas Wogan de Rathcoffy, 2° du nom, âgé de 19 ans en 1521, héritier du manoir de Rathcoffy en 1536, mourut le 13 mai 1570, ayant épousé dame Catherine Fitz Gerald, laquelle lui donna six enfants, savoir :

1° William, qui suit.
2° Robert Wogan.
3° James Wogan.
4° Oliver Wogan.
5° John Wogan.
6° Edouard Wogan.

X. — William Wogan de Rathcoffy, 2° du nom, écuyer, eut un fils Nicholas, qui suit :

XI. — Nicholas Wogan de Rathcoffy, 3° du nom, mort le 13 janvier 1610, épousa : 1° Elisabeth, fille de Henry Barnall de Castleknock; 2° Marie, fille de Christophe Darcy de Platyn, au comté de Meath, morte sans postérité. Il eut de son premier mariage cinq enfants. savoir :

1° William, qui suit.
2° John Wogan, époux d'Anne N...
3° Oliver Wogan.
4° Catherine Wogan, mariée à William Sutton, écuyer, fils de Jean Sutton, écuyer, de Tipper, mort en 1637, et de Marie Allen.
 Catherine Wogan avait eu aussi pour mari George Darcy, écuyer, fils de Richard Darcy de Clondaly et de Marie Nugent de Colomb. (John O'Hart. *The Irish Pedigrees*).
5° Elisa Wogan.

XII. — William Wogan de Rathcoffy, 3° du nom, écuyer, âgé de 26 ans en 1570, mort le 31 décembre 1616, épousa Anne, fille de Christophe Plunkett, lord Killeen, laquelle lui donna cinq enfants, savoir :

1° Nicholas, qui suit.
2° James Wogan, époux d'Eléonore, fille de Gérard Mac Shane Fitz Gerald de Ballysonan.
3° Elisabeth; 4° Marguerite; 5° Jeanne Wogan.

XIII. — Nicholas Wogan de Rathcoffy, 4° du nom, capitaine ou colonel (1), prit une part importante à la guerre de 1620 à 1641, fut apanagé de Rathcoffy le 18 mai 1635, épousa Catherine, fille de James Preston, lord vicomte de Gormanstown, de laquelle il eut deux enfants :

1° William qui suit.
2° Marie Wogan, femme de Robert Wolverston, écuyer, dont vint Anne Wolverston, deuxième épouse de Patrice Wogan, père de Catherine Wogan.

XIV. — William Wogan, écuyer, épousa demoiselle Anne Gaydon, de laquelle il eut trois fils :

1° Patrice, qui suit plus loin.
2° Charles de Wogan, neveu de Richard Talbot, duc de Tyrconnell, avec son père Nicolas, prit part au soulèvement qui eut lieu dans le nord de l'Angleterre en faveur de Jacques III Stuart en l'année 1715.

(1) La généalogie reçue d'Irlande s'arrête à ce Nicholas Wogan. Elle a été complétée par les archives actuelles de la famille et par les travaux de l'auteur de ce Mémoire.

Ils furent envoyés en qualité de délégués dans le Northumberland à l'effet de s'entendre avec les Jacobites du pays sur les plans de campagne. On connaît l'insuccès de cette entreprise. Charles Wogan, fait prisonnier, fut amené à Londres à cheval, les bras liés au corps et ensuite jeté dans la prison de Newgate. Il était inculpé du crime de lèse-majesté. Pendant la nuit qui précéda l'ouverture du procès, un certain nombre de prisonniers, parmi lesquels Wogan, battirent les gardiens et s'évadèrent. Une récompense de 500 livres sterling fut offerte pour la capture de Charles Wogan; mais il échappa à ceux qui le poursuivaient et un mois après il débarquait en France, sain et sauf.

En 1719, il quitta le service militaire et suivit à Rome Jacques Stuart, fils de Jacques II.

C'est alors que Charles Wogan fut chargé de la mission très délicate de choisir une épouse pour le Prétendant. Son choix tomba sur la princesse Maria-Clementina, petite-fille de Jean Sobieski, grand maréchal de la couronne et depuis élu roi de Pologne sous le nom de Jean III et qui avait battu les Turcs devant Vienne en 1683. L'influence anglaise avait eu raison des scrupules de Charles VI, empereur d'Allemagne, qui voulait s'opposer à ce mariage. Il fit arrêter la jeune princesse ainsi que sa mère et les fit enfermer dans le château d'Inspruck, au Tyrol (1718). Charles Wogan accepta la mission de délivrer la princesse et avec l'aide de trois officiers irlandais il réussit à leur rendre la liberté (1). Quelques jours après la réussite de l'évasion, les voyageurs entraient à Rome,

---

(1) Edmund Hogan S. J. — *State of Ireland in 1558*. — Un ancien document du Ministère des affaires étrangères de France confirme cet épisode en ces termes : « Charles de Wogan fut chargé par le roi Jacques III de l'enlèvement, en 1719, de la princesse Clémentine Sobieska, sa femme, retenue prisonnière dans le château d'Inspruck en Tyrol, commission épineuse qu'il a exécutée avec succès et de manière à lui mériter la dignité de chevalier baronet à laquelle il a été élevé par ce prince. Un frère de celui-ci ayant servi en France a été chevalier de Saint-Louis et sert au régiment de Berwick. Il s'est marié à Dinan. » Marie-Clémentine Sobieska était une des cinq filles de Jacques-Louis-Henry prince Sobieski, prince royal de Pologne, chevalier de la Toison d'Or (fils aîné de Jean III Sobieski, roi de Pologne, grand-duc de Lithuanie, et de Marie-Casimire de la Grange d'Arquien), et d'Hedwige-Elisabeth-Amélie de Bavière, Palatine de Neubourg. Elle naquit le 28 juillet 1702, filleule du pape Clément XI qui la maria le 3 septembre 1719, à Rome, à Jacques Stuart III, roi de la Grande-Bretagne, dit *le chevalier de Saint-Georges*. « Arrêtée à Inspruck par l'Empereur, en 1719, et enfermée, fut sauvée par OGAN (sic), Anglois; MISSET et sa femme, Irlandois; marcha la nuit à pied pour aller joindre son mary. Elle le quitta en 1725 et se réconcilia avec lui en 1727. Elle fit venir de Paris six religieuses Ursulines pour réformer celles de Rome en 1732 et y mourut en odeur de sainteté, le 18 janvier 1735. Le pape Clément XII lui fit rendre à sa mort les honneurs royaux qui lui avaient été refusés pendant sa vie, et lui éleva un magnifique mausolée. On lui attribue des miracles. Le cardinal Gotti a écrit sa *Vie* que le pape fit imprimer. La princesse Marie-Clémentine Sobieska possédait les langues

et au mois de septembre suivant le mariage avait lieu. Un mariage qui avait eu des débuts aussi romanesques semblait devoir être heureux; le destin voulut qu'il en fut autrement. Wogan et ses compagnons, cependant, s'étaient bien acquittés de leur difficile et dangereuse mission, et le pape Clément XI leur conféra en 1719 le titre de sénateurs romains, honneur extraordinaire et qui n'avait jamais encore été accordé à des étrangers autres que ceux de sang royal. On trouve un *fac-simile* du bref de nomination dans l'ouvrage de M. Gilbert: *Fac-similes of Irish Manuscripts*. Vu la rareté de cet ouvrage et les demandes nombreuses qui, à diverses reprises, ont paru dans les pages de la Revue anglaise. *Notes et Queries* demandant la reproduction littérale de ce curieux et rare document, je ne puis faire mieux que de donner cette reproduction d'après l'ouvrage de M. Gilbert (1).

L'histoire de cette aventureuse expédition avait été publiée par Charles Wogan lui-même sous le titre de *Female Fortitude Exemplified, in an impartial narrative of the Zeizure, escape, and marriage of the Princess Sobieski, as it was particularly set down by Mr Charles Wogan (formerly one of the Preston Prisoners) who was a chief manager in that whole affair*. L'ouvrage fut imprimé à Londres en 1722. Malheureusement la très importante collection Haliday dans la bibliothèque du R. I. A. n'en possède aucun exemplaire. On trouve pourtant dans l'ouvrage de John-Cornelius O'Callaghan ayant pour titre: *History of the Irish Brigades in the service of France*, un excellent résumé de cette intéressante brochure. M. Gilbert assure que dans les Archives impériales de Vienne et d'Inspruck existent beaucoup de docu-

polonaise, allemande, française, italienne et anglaise qu'elle parlait avec distinction. (*Bibliothèque nationale. — Dossiers bleus*, volume 617.)

Nous avons découvert dans les archives du ministère de la Marine (Reg. B767, f° 135) une lettre curieuse datée de Versailles, le 14 avril 1700 et adressée par M. de Ponchartrain, ministre de la Marine, à M. Argoud. En voici le texte intégral : « J'ay reçeu la lettre que vous m'avez escrite le 20e du mois dernier. Il y a espérance que le prince Jacques Sobieski pourra réussir dans le dessein qu'il a d'avoir l'investiture de la Principauté de Piombino, puisque l'Empereur fait pour luy de fortes instances à la Cour d'Espagne. Je sçay cependant que D. François Griffe a offert à sa Majesté Catholique cent mille piastres pour avoir la préférence, et à condition que l'on donnera en mariage à son fils, la fille de la duchesse de Sora. Comme je seray bien aise de sçavoir lequel de ces deux prétendants aura esté choisy, vous me ferez plaisir d'avoir attention et de me faire part de ce que vous aprendrez sur cela dans la suite. »

Le prince Jacques Sobieski naquit à Paris, le 2 novembre 1667, fut tenu sur les fonds du baptême par Louis XIV, et mourut à Zolkiewf, en Podolie, le 19 décembre 1737, laissant une fortune de onze millions. En lui s'éteignit la branche royale de sa maison.

(1) La reproduction de ce document se trouve aux *Pièces justificatives*, à la fin de l'ouvrage.

ments qui ont trait à l'évasion de la princesse. En 1719, une médaille fut frappée en commémoration de cet événement. L'avers de cette médaille est orné du portrait d'une jeune et belle femme, couronne en tête, avec cette inscription : *Clementina M. Brit. Fr. et Hiberniæ Regina*; au revers de cette médaille, une femme assise dans un chariot et conduisant deux chevaux; dans un coin plusieurs constructions, un vaisseau toutes voiles dehors, et enfin le soleil se couchant à l'horizon. L'inscription de cette face est : *Fortunam causam que sequar*. En exergue : *Deceptis custodibus*.

Voici, du reste, l'histoire de cette évasion royale telle qu'elle est racontée par O'Callaghan, l'auteur de l'*Histoire de la Brigade Irlandaise au service de la France*. Ce récit sera intéressant à plus d'un titre.

L'histoire de la romanesque évasion de Marie-Clémentine Sobieska a été, il est vrai, racontée pendant ces dernières années dans deux ou trois ouvrages et *Magazines* anglais. Elle l'a été en dernier lieu, et fort bien, par M. Gilbert, écrivain anglais, dans son ouvrage *Maria Clementina, narratives*, mais la reine Marie Leczinska, épouse de Louis XV, est la seule personne qui, jusqu'à présent, l'ait lue en français, en ce pays. En sa qualité de Polonaise, elle s'était fort intéressée à cette aventure et en avait demandé le récit à Sir Charles Wogan, libérateur de la princesse, qui la lui remit, mais en manuscrit seulement. C'est donc la première fois que l'histoire de cette évasion est publiée en France, mais le récit actuel, quoique forcément résumé, n'en sera pas moins plus complet qu'aucun autre, et la raison en est que M. le baron T. de Wogan qui nous l'a fournie possède seul dans ses papiers de famille les éléments nécessaires à un récit complet et authentique.

En 1718, le Chevalier de Saint-Georges, ou plutôt le Roi Jacques, le Prétendant aux Couronnes de Grande-Bretagne et d'Irlande, qui désirait contracter union avec une princesse catholique donna à Charles Wogan la mission de se présenter dans les différentes cours d'Europe, afin de lui trouver l'épouse rêvée. Accompagné du duc d'Ormond il se rendit en premier lieu à la cour de Russie. Très bien reçus ils essayèrent d'opérer la réconciliation de Charles XII de Suède avec le Czar, et d'obtenir, pour Jacques, en même temps que leur alliance, la main d'une des princesses russes. Les pourparlers engagés par Ormond n'aboutirent pas. Wogan n'en continua pas moins de son côté ses recherches, et son choix tomba enfin sur la Princesse Marie-Clémentine, fille cadette de Jean Sobieski, Prince Royal de Pologne.

Le mariage qui avait été arrangé en secret devait aussi, pour des raisons politiques, être conclu de la même façon. Mais les derniers arrangements en vue de cette union, ayant été, à la suite d'une intrigue politique écossaise à la cour des Stuarts, retirés des mains de Wogan et confiés à deux protestants écossais, les Honorables John Hay et Murray, les mêmes qui furent créés dans la suite comtes de Dunbar et d'Inverness, l'Électeur de Hanovre finit par apprendre le mariage projeté. Alarmé de l'augmentation de prestige que son compétiteur lésé au trône de la Grande-Bretagne et de l'Irlande allait gagner par cette alliance avec la race des Sobieski, et effrayé aussi à l'idée des relations dangereuses pour lui-même que cette parenté entre le Prince proscrit et les maisons d'Autriche, d'Espagne, de Bavière allait créer, l'Électeur que la puissance et la bourse de l'Angleterre aidaient considérablement dans ses tentatives d'achats de consciences et de terrorisation sur le continent, se promit d'user de toute son influence pour empêcher le mariage en question.

Dans ce but, les ministres anglo-hanovriens d'un côté, effrayèrent l'Empereur Charles VI, le menaçant de lui faire perdre ses possessions étendues du sud de l'Italie et de Sicile que défendait en 1718, seule contre l'Espagne, la flotte anglaise, s'il ne s'efforçait pas d'empêcher, même par la force, le mariage de sa parente; et de l'autre côté, on offrit d'augmenter de deux millions cinq cent mille francs (en argent anglais bien entendu, somme importante à cette époque) la dot de la Princesse Sobieski, au cas où elle consentirait à épouser le Prince de Bade-Bade ou tout prince autre que le chef de la maison des Stuarts auquel elle était fiancée. L'Empereur, sous cette pression du dehors, fit arrêter en 1718 la Princesse et sa mère (sa cousine germaine et sa tante) et les fit enfermer à Inspruck dans le Tyrol, leur donnant comme geôlier le général Heister. Il n'avait pas plus le droit d'agir ainsi que n'en avait eu Élisabeth Tudor d'Angleterre quand elle fit enfermer Marie Stuart, reine d'Ecosse!

A la cour des Stuarts il ne restait plus qu'un seul moyen de se tirer d'embarras en faisant aboutir quand même ce mariage : s'excuser auprès de Wogan de ne pas l'avoir laissé terminer l'affaire si bien commencée par lui et l'amener, si c'était possible, à délivrer la Princesse de son internement forcé. Quoique cette entreprise semblait à ce point dénuée de chances de succès que les plus fortes têtes parmi ceux qui en connurent, la considéraient comme une don Quichottade, comme une folie, en dépit de ce fait que l'insuccès de son entreprise ou son arrestation en essayant de rendre la Princesse à la liberté serait pour lui la mort, soit sur un échafaud autrichien, soit en Angleterre, à cause de son évasion de Newgate qualifiée là-bas crime de haute trahison, Wogan cependant, accepta de reprendre la direction de l'aventure. Il posa toutefois cette condition que son Souverain lui donnerait pour le Prince Sobieski des lettres de créance suffisantes pour engager ce Prince à écrire à sa fille que, accompagnée du porteur de la lettre qui était l'envoyé de son père et de son futur mari, elle devait faire son possible pour s'enfuir d'Inspruck. Ces lettres obtenues, il partit immédiatement pour l'Italie. A Bologne, Wogan rencontra le cardinal Origo. Ce dernier mis au courant des projets du Roi Jacques ne put s'empêcher de rire de l'idée et il lui assura que le chevalier Wogan serait bientôt de retour en Italie, mais *sans la Princesse*. « Si je n'amène pas avec moi la Princesse, Votre Eminence ne verra plus ma figure, » répondit Wogan. De Bologne, déguisé en marchand français, il gagna Inspruck et, chargé de ses marchandises, il trouva le moyen d'approcher les Princesses et de leur remettre les lettres de Jacques. Ces dames, enchantées, acceptèrent tout ce qu'on demandait d'elles à la condition que Jean Sobieski donnerait sa permission paternelle. Wogan s'en alla droit à Ohlau en Silésie. Il trouva Sobieski, mais peu disposé à l'aider. Ce Prince, en effet, ne croyant pas l'évasion possible se contenta de le remercier et en témoignage de son admiration pour lui, lui offrit une tabatière faite d'une seule turquoise enchâssée dans un admirable travail d'orfévrerie que les bijoutiers de l'époque considéraient comme un joyau d'une inestimable valeur et qui provenait du Pavillon Ecarlate du Grand-Vizir où ce joyau avait été trouvé par Jean Sobieski lors de sa fameuse victoire sur les Turcs qui assiégeaient Vienne. Mais Wogan refusa le présent. « Il ne pouvait, dit-il, revenir en Italie avec un présent pour lui-même et un refus pour son Souverain! » Cette ferme réponse toucha le prince au point de le vaincre complètement. Il invita Wogan à dîner; au dessert, il lui mit dans les mains le bijou refusé le matin qui fut cette fois accepté et lui accorda des pouvoirs si absolus, qu'ils mettaient les Princesses entièrement sous ses ordres et à sa disposition sous peine d'encourir la perte de son affection et de sa bénédiction. Les copies de ces pleins pouvoirs et des ordres du Prince aux Princesses mère et fille se trouvent à la fin de l'ouvrage publié par M. Gilbert que j'ai déjà cité plus haut.

Tout étant prêt, en mars 1719, Wogan choisit pour l'accompagner dans son expédition et parmi les officiers du régiment commandé par son proche parent le Lieutenant-Général, Comte Arthur Dillon, trois de ses compatriotes qui étaient presque ses parents, Richard Gaydon, chevalier de Saint-Louis, major de son régiment ; le capitaine O'Toole et John Misset. Ces trois officiers accompagnés de Wogan et de Vezjozzi, fidèle valet Florentin au service de son jeune souverain, formaient à eux cinq la partie masculine de l'expédition. Ils étaient accompagnés de deux femmes, madame Misset, la femme du Capitaine, enceinte de plusieurs mois, sa servante Jeanneton, une Béricbonne de très belle venue, la première, chargée du service de la Princesse Sobieska, au cours de son voyage d'Inspruck en Italie, tandis que la dernière avait pour mission, après avoir changé de vêtements avec la Princesse à Inspruck, de rester couchée dans le lit de Clémentine pendant un certain nombre d'heures après la fuite, de façon à faire croire plus facilement aux geôliers autrichiens et ce, jusqu'au moment où la substitution aurait été découverte, que la Princesse était toujours entre leurs mains et ainsi retarder le commencement de la poursuite. Mais Jeanneton que — tant le secret gardé était grand — on n'avait même pas informé du but véritable du voyage, accompagna l'expédition sous l'impression que le tout n'était qu'un arrangement permettant à son ami, le capitaine O'Toole (qui avait six pieds et était le plus bel homme du régiment), de sauver d'entre les mains de ses parents qui la détenaient prisonnière, une riche héritière, sa fiancée à lui. On avait eu soin de lui faire entendre aussi que tout en donnant son concours à une action méritoire, elle, Jeanneton, n'y perdrait rien, au contraire. L'équipage, loué à Strasbourg en vue de l'expédition, consistait en une berline de voyage, très fortement construite, capable de résister aux cahots d'un voyage aussi long et aussi dur. On l'avait munie de doubles traits et de pièces de rechange, cela, en cas d'accidents. Elle devait être attelée de six chevaux et accompagnée de trois piqueurs bien armés. La berline en question devait être occupée par le major Gaydon et madame Misset, accompagnés de Wogan et de Jeanneton. Le Major et madame Misset, étaient munis de passeports que Wogan s'était procurés pour eux à Rome, de passeports bien en règle au nom du Comte et de la Comtesse de Cernes, d'une noble maison de Flandres, voyageant avec leur famille pour aller visiter la Santa Casa de Notre-Dame de Lorette. Wogan était mentionné sur le passeport comme le frère de la soi-disant Comtesse ; la Princesse Sobieska, comme la sœur de la Comtesse. Quant aux capitaines O'Toole et Misset, avec le valet Vezjozzi, ils devenaient les trois cavaliers armés ou piqueurs.

Wogan avec sa petite troupe partit de Strasbourg le 16 avril. Comme ils passaient le pont de Kehl ils prirent congé de leur vieil ami, le Lieutenant-Colonel Lally, du Régiment de Dillon (père de ce comte de Lally qui, dans la suite, devait devenir si fameux et mourir si tristement), lequel ne put retenir ses larmes en disant adieu à ses vieux amis, que, par suite de l'audace extrême de leur entreprise, il croyait bien ne plus jamais revoir vivants. Continuant leur voyage ou plutôt, ainsi que le disait l'Intendant de Strasbourg, leur route vers le néant et le but de l'entreprise, laquelle ainsi qu'il prétendait, devait finir par des coups d'épée dans l'eau, nos voyageurs, au bout d'une semaine, se trouvèrent enfin dans le voisinage d'Inspruck.

Là on se mit en correspondance avec les deux Princesses. Il fut convenu que le 27, à la nuit, Jeanneton serait admise chez ces dernières, couverte d'un mauvais manteau à capuchon; que la Princesse Clémentine endosserait ce manteau, et que, accompagnée de son page polonais Konska, elle se glisserait ensuite jusqu'à la porte de sortie qui donnait sur la rue près de laquelle Wogan qui devait se tenir prêt à les protéger, les accompagnerait jusqu'à l'auberge de l'Aigle noir, et à la voiture qui stationnait dans la cour. De plus, il fut entendu que pour mieux donner le change au général Heister et aux magistrats d'Inspruck pendant au moins vingt-quatre heures si possible, la Princesse devrait pendant deux jours avant son évasion garder le lit, sous prétexte qu'elle était dangereusement souffrante, et que, dès son départ, Jeanneton occuperait le lit de la Princesse. Elle devait avoir soin, le jour suivant, de tenir clos les rideaux du lit sous le prétexte que la malade était plus mal, assez malade enfin pour que cette précaution soit devenue nécessaire. Pour protéger enfin et d'autant mieux sa mère contre l'accusation d'avoir été complice de son évasion, la Princesse devait laisser sur sa toilette une lettre dans laquelle elle demandait pardon à ses parents pour cette fuite commandée par son devoir et ses engagements vis-à-vis de son fiancé.

Le 27 ou le 28 avril, vers une heure du matin, au milieu d'une véritable tempête de neige et de grêle, tempête si furieuse que la sentinelle placée à la porte de la résidence des Sobieski, se vit, par l'excès même du froid et de l'humidité, obligée d'aller chercher refuge et en même temps un peu de chaleur externe et interne, dans

une petite auberge qui se trouvait en face, la petite-fille de Jean
Sobieski s'étant glissée hors de la maison réussit à gagner une
encoignure de la rue où le chevalier irlandais ou plutôt son
papa Warner, ainsi qu'elle avait pris l'habitude de l'appeler
en Allemagne, Wogan enfin, attendait depuis longtemps, depuis
trop longtemps déjà, et dans une mortelle inquiétude. Suivie de
son page Konska qui portait un paquet de vêtements de rechange
et des bijoux pour la valeur de 150,000 pistoles, elle se rendit avec
son libérateur à l'auberge de l'Aigle noir. Là, elle remplaça ses
vêtements trempés par un costume que Mᵐᵉ Misset avait eu soin
de tenir prêt pour elle.

Vers deux heures du matin, nos fugitifs étaient en route. Au lever
du soleil, 15 milles les séparaient déjà d'Inspruck et le même jour,
dans le courant de la nuit, ils étaient déjà assez loin pour se trouver
à l'abri d'une arrestation. Ils étaient sans crainte, à l'exception
toutefois de celles qui auraient pu résulter de l'arrivée de quelque
courrier spécial d'Inspruck, et de l'alarme que cet envoyé aurait pu
causer aux gouverneurs de Trente et de Roveredo. Le chevalier
Wogan avait, du reste, pris ses précautions. O'Toole et Misset
avaient été chargés de se tenir toujours à deux postes environ en
arrière de la berline qui emportait la Princesse, et ils avaient ordre
d'intercepter tout courrier, quel qu'il fût, et cela, de peur d'erreur.
Si la chose devenait nécessaire, ils devaient, après avoir allégé de
ses papiers le courrier, tuer son cheval, laisser le courrier dans un
endroit quelconque, écarté de la route, solidement lié avec des
cordes dont ils avaient ample provision, mais ils ne devaient pas
lui prendre la vie si pareille extrémité pouvait être évitée.

Les deux capitaines irlandais trouvèrent le moyen de se débar-
rasser du courrier d'Inspruck, quand il arriva, beaucoup plus facilement qu'ils ne l'auraient cru. L'affaire eut lieu à deux postes de
Trente dans un village appelé Wellishmile. Il était deux heures du
matin; ils venaient de commander leur souper quand, soudain, à la
même auberge, arriva, exténué de fatigue, celui-là même qu'ils
attendaient. Ils invitèrent le courrier à souper avec eux, l'amusèrent
et le firent boire si bien que, tout comme le corbeau de la fable, il
ne tarda pas à laisser tomber de ses lèvres son fromage, le but de
son voyage, c'est-à-dire l'avis de l'ordre d'arrestation des *banditti*
qui s'étaient permis d'enlever la Princesse Sobieska; il leur montra
même la dépêche dont il était porteur. Ils le grisèrent alors davan-
tage encore, lui chipèrent sa dépêche, qu'ils eurent soin de détruire
et le laissèrent au lit dans un état tel, le vin qu'ils lui avaient servi

ayant été consciencieusement arrosé d'eau-de-vie, qu'il lui fut impossible de bouger pendant près de vingt-quatre heures.

Ce fut ainsi qu'en dépit de plusieurs petits malheurs tels que bris d'essieux et de retards dans les relais que, forcé d'abréger, nous ne raconterons pas ici, mais qui auraient pu cependant être fatals au succès de l'entreprise, la Princesse fut à même de continuer sa route jusqu'à destination. Elle charmait tout le monde par ses saillies et par son affabilité. On lui offrit de placer un coussin sous sa tête dans l'espoir que cet arrangement lui permettrait de prendre un peu de repos, mais elle semblait ne prendre plaisir qu'à être renseignée sur les usages et les coutumes de l'Angleterre. Elle s'efforçait aussi d'apprendre le plus grand nombre possible de mots anglais. Elle faisait preuve d'une excellente mémoire. Elle demanda à Wogan de lui raconter l'aventure de Preston dans laquelle ce dernier avait joué, on s'en souvient, un rôle important, et elle lui demanda aussi les noms de tous ceux qui avaient été maltraités ou molestés à cette occasion. Elle semblait très touchée de leurs infortunes. Elle se montrait aussi très curieuse au sujet des incidents du voyage que venait de faire en Ecosse son futur mari. Elle posait force questions au sujet de ce qui s'était passé à cette occasion en ce pays, et des nombreux dangers qu'avait courus son fiancé pendant cette aventureuse expédition. Ce sujet une fois épuisé, le major Gaydon dut lui raconter à son tour l'histoire des nombreux sièges et batailles dans lesquels avait été engagé le Régiment de Dillon, en particulier celle de la bataille de Crémone, et le plaisir qu'elle semblait prendre au récit de ces histoires guerrières, montrait à quel point la Princesse était bien la fille du grand Sobieski.

Le 30 avril, la Princesse était enfin complètement à l'abri sur le territoire vénitien. Le 23 mai elle faisait, en grande pompe, son entrée à Rome, aux acclamations de tous, excepté cela se conçoit, celles du parti autrichien ou hanovrien. Le 2 septembre suivant avait lieu son union avec le Prince Jacques III Stuart.

L'Empereur Charles VI, afin d'éviter de la part de son complice hanovrien à Londres l'ombre même d'un soupçon de ne pas avoir agi de bonne foi en sa qualité de geôlier de sa propre cousine germaine à Inspruck, s'efforça de laver sur ce point son honneur impérial à l'aide de procédés qui étaient bien certainement dignes de cet impérial honneur. On mit sous séquestre les deux duchés de Ohlau et de Brieg en Silésie, que le Prince Jacques-Louis Sobieski, son oncle, et le père de la princesse fugitive avaient jusque-là possédés en compensation d'une importante somme d'argent qu'avait prêtée en 1683, le roi Jean Sobieski à Léopold, pour les frais de la guerre contre les Turcs, guerre au cours de laquelle, ainsi que nous l'avons déjà dit, du reste, ce héros avait délivré Vienne en battant devant ses murs une armée de 220,000 Turcs. Bien plus, le capital avancé ne fut même pas remboursé. Le Prince, lui, fut envoyé en exil à Passau. Sa femme, propre tante du méprisable despote, fut traitée par lui avec une cruauté si grande, qu'à la suite des fatigues morales et physiques qu'elle eut à endurer, elle fut prise d'une fièvre violente qui faillit amener sa mort. Et alors, raconte toujours l'histoire, alors des certificats authentiques constatant toutes ces vilenies et toutes ces lâchetés furent ponctuellement envoyés à la Cour de Londres comme la preuve de la sincérité avec laquelle l'Empereur savait sacrifier à la politique les liens les plus sacrés de la nature.

A Rome, le Pape Clément XI, au contraire, comme marque de satisfaction qu'il éprouvait de la mise en liberté de la Princesse Sobieska, princesse dont il était lui-même parrain, éleva Wogan à la dignité de Sénateur romain. Wogan cependant ne désirant recevoir aucun titre qui ne serait pas également conféré à ses braves compatriotes qui avaient abandonné leurs emplois et risqué leurs existences pour prendre leur part des hasards et de la gloire de son entreprise, conjura le Pape d'accorder à tous la même récompense. Wogan et ses compagnons d'armes, le major Gaydon et les capitaines O'Toole et Misset nommés sénateurs romains furent en conséquence reçus le 15 juin de la même année par le Sénat assemblé au Capitole, aux sons des anciens lítui et tubæ romains et, devant le peuple assemblé, le comte Hippolite Albani, prince du Sénat, dans un magnifique discours, célébra et les vertus de la Princesse Sobieska et le courage de ses libérateurs. Ce titre de Sénateur romain, quoique maintenant quelque peu déchu de son ancienne splendeur, était encore à cette époque à Rome le signe de la distinction civile la plus élevée. Ce titre, en effet, ne fut jamais vénal et il ne fut jamais accordé qu'à des rois, à des princes du sang, à des neveux de souverains ou de pontifes. L'honneur en fut d'autant plus grand pour Wogan et ses compagnons d'armes. Un Sénateur en Italie n'était jamais traité autrement que d'Excellence.

Wogan, au retour de son jeune souverain qui arrivait d'Espagne, fut reçu par Jaques III avec de grandes marques d'affection et de gratitude. Ce prince, après avoir salué avec des transports de joie sa fiancée sur la route de Montefiascone, ville où devait avoir lieu la célébration du mariage, se tournant vers le libérateur de la Princesse lui dit : « Wogan, vous avez agi comme je savais que vous l'auriez fait, vu votre zèle, votre tact et votre bravoure connus et vous pouvez être assuré que si je désire occuper le trône qui me revient de droit, c'est en partie pour que je puisse avoir aussi le plaisir de vous voir satisfait et heureux en proportion à la puissance qui sera entre mes mains et en proportion aussi de ce que vous avez si vaillamment mérité de moi. » Le prince donna à Wogan le titre de Baronnet, il fit chevaliers Gaydon, O'Toole et Misset, exprimant aussi à ces derniers sa gratitude dans les termes les plus affectueux. Wogan et ses compagnons d'armes reçurent aussi de l'avancement; on leur donna à chacun le brevet du grade supérieur, brevets qui devaient être ratifiés en Angleterre ou en Irlande à la Restauration, et, dans le cas où leur absence de l'armée française pendant les quelques jours nécessités par la libération de la Princesse aurait amené pour eux une radiation des cadres de l'armée, ces brevets devaient servir à leur procurer des emplois équivalents dans le service des autres puissances catholiques du Continent qui reconnaissaient le Prince comme Roi d'Angleterre *de jure*, sinon *de facto*. Gaydon fut nommé général de brigade. O'Toole et Misset furent promus colonels; il en fut de même pour le père de Mme Misset qui était capitaine dans le Régiment de Dillon.

Gaydon et O'Toole, cependant, qui servaient alors en France, se considérèrent suffisamment heureux, surtout dans des circonstances politiques aussi défavorables que celles qui existaient en ce pays à cette époque, s'ils pouvaient être réintégrés dans les grades qu'ils avaient occupés jusqu'à l'aventure d'Inspruck. Le premier, de major qu'il était, fut promu au rang de lieutenant-colonel et mourut à un âge très avancé, en 1745. Le capitaine de Grenadiers fut tué lors de la dernière action qui eut lieu sur les bords de la Moselle entre l'armée française et les troupes de Charles VI. Le chevalier Misset (au lieu de retourner avec ses camarades à son régiment en France), préféra accompagner Sir Charles Wogan en Espagne. Ils s'embarquèrent à Gênes en novembre 1719. Retenus en cette ville par l'attente d'un vent favorable, Davenant, l'envoyé anglo-hanovrien, désirant fort voir le nouveau Baronnet remis entre ses ongles crochus, présenta au Sénat de la République un mémoire contre lui, mémoire basé sur la calomnie et qui le représentait comme un assassin qui aurait eu à répondre de la vie de pas moins de cinq ou six courriers entre Inspruck et Trente. Mais le Sénat génois traita cette accusation avec le mépris que les calomnies dont elle était cousue méritaient et refusa de retirer sa protection à Sir Charles Wogan.

En Espagne, Wogan fut reçu avec beaucoup d'égards et de bonté par le roi Philippe V qui immédiatement le nomma lui et son ancien compagnon d'armes, colonels dans l'armée espagnole. Peu de temps après, Wogan eut encore une fois l'occasion de se signaler, mais cette fois contre les Infidèles de la Barbarie, notamment en 1723, où à la tête d'un détachement de 1,300 Espagnols d'Oran envoyés comme secours à la forteresse de Santa-Cruz il réussit, quoique 544 de ses hommes fussent déjà tués ou blessés et lui-même se trouvant parmi ces derniers, à infliger une sanglante défaite à une armée de 20,000 Maures, tuant aux Infidèles plus de 2,000 hommes parmi lesquels 19 agas et le propre fils du général maure, le féroce Bey Bigotellos. Il fut à cette occasion nommé Général de Brigade et on lui donna aussi un gouvernement, celui de la Mancha, dans lequel il finit paisiblement ses jours, s'occupant surtout de science et de littérature. Quant à Misset il mourut en 1733, gouverneur d'Oran en Barbarie. Sa veuve se retira à Barcelone où elle vivait encore en 1741 ayant été rejointe en cette ville par Jeanneton qui mourut à son service en 1739.

La Reine Clémentine Sobieska, elle, est morte à Rome le 18 janvier 1735 comme elle avait vécu, en odeur de sainteté. Ainsi que je l'ai dit au début de cet article, sa fin fut triste. Le mariage qui avait eu des débuts aussi romanesques semblait devoir être heureux. Malheureusement il n'en fut pas ainsi. (Traduit de l'ouvrage : *History of the Irish Brigade in the service of France*, par O'Callaghan et complété à l'aide des documents en la possession du baron Tanneguy de Wogan.)

Dans le 17e volume de l'édition de Scott des œuvres de Swifft (pp. 417 et 447) on trouvera des lettres qui furent échangées entre le *Dean* Swifft et Sir Charles Wogan — car c'est ainsi qu'on doit l'appeler, puisqu'il fut créé chevalier et baronnet par le Prétendant (1). Wogan avait envoyé à Swifft du vin en présent et aussi quelques pièces de vers qu'il avait composées et qu'il priait *Dean* Swifft, maître dans l'art poétique, de vouloir bien corriger. Réponse avait été reçue en temps et lieu ne renfermant guère que quelques critiques sur ces poésies, réponse accompagnée de plusieurs ouvrages de poésie envoyés en cadeau. La lettre porte la date de juillet 1732. Au mois de février suivant, Wogan accusa réception

(1) Les lettres patentes de chevalier et de baronnet furent données à Monteflascone en l'an 1719. Une traduction de cette pièce se trouve aux *Pièces justificatives*.

de cette lettre. « Sa réponse, nous dit Scott, vaut la peine d'être lue, parce qu'elle est un résumé fidèle, non seulement des principes de ces Irlandais qui avaient abandonné leur patrie et fait le sacrifice de leur fortune pour suivre le Roi Jacques, mais aussi de leurs misères et de leurs souffrances. »

Dans cette lettre, sont cités des faits très intéressants ayant trait aux Irlandais alors au service de la France. Wogan dit que plus de 120,000 Irlandais ont été tués pendant les dernières quarante années à l'étranger et dans l'exécution de services la plupart du temps ingrats. « Les exilés irlandais, ajoute-t-il, ont fait preuve d'un grand courage dans la défense d'États et de princes étrangers et cela sans grand avantage pour eux-mêmes... et sans qu'ils aient reçu en échange de leur meilleur sang répandu la moitié seulement des honneurs qu'ils ont mérités. Ces gouvernements sont très lents à accorder à des étrangers qui les ont méritées des récompenses honorifiques ou autres... Les seuls résultats qu'aient obtenus les Irlandais avec toute la valeur dont ils ont fait preuve et les grands services qu'ils ont rendus en mainte occasion..... c'est l'extinction de leur race..... Les principaux officiers irlandais n'ont jamais dépassé le rang de lieutenant général, alors que des Écossais, des Allemands, des Livoniens et des Italiens ont été élevés à la dignité de maréchal de France. » Il en dit long sur ce sujet, montrant que la condition des Irlandais à l'étranger était loin d'être le paradis que certains auteurs ont prétendu qu'elle était.

Depuis l'époque à laquelle Charles Wogan écrivit ces douloureuses appréciations, la condition des officiers irlandais s'est modifiée en France. En effet, on voit que Charles O'Brien, vicomte de Clare, puis comte de Thomond, fut créé maréchal en récompense de ses beaux faits d'armes. Il fut le précurseur du maréchal Mac-Mahon, duc de Magenta.

Sir Charles Wogan, entré au service du roi d'Espagne, était en 1722 général de brigade (*brigadier graduato*).

La dernière mention qu'on ait de Wogan est de l'année 1750. Il était encore, à cette époque, général dans l'armée espagnole. L'Irlande possède deux portraits de lui : l'un est la propriété de lord Talbot de Malahide qui possède également les portraits du colonel Wogan qui s'illustra à la bataille de Worcester; l'autre qui a appartenu à la famille de lord Aylmer se trouve maintenant à la Galerie nationale de Dublin qui en a fait l'acquisition. Un autre portrait de Sir Charles Wogan se trouve chez le baron Tanneguy de Wogan, à Paris, 8, rue Meissonnier, dernier descendant actuel des

Wogan d'Irlande et, en cette qualité, détenteur des parchemins ainsi que d'autres portraits de cette famille.

Sir Charles Wogan mourut sans postérité.

3° Nicolas Wogan, écuyer, né au comté de Galway, capitaine réformé au régiment de Berwick, chevalier de l'Ordre royal et militaire de Saint-Louis, fut naturalisé français par lettres patentes données à Versailles, le 5 mars 1724. Il mourut en 1770. Il eut pour femme Rosa O'Neill, fille aînée de Sir Neill O'Neill (de la branche de Shane's Castle), colonel de dragons au service de Jacques II, mort le 8 juillet 1690, et de lady Frances Molyneux, à laquelle il s'était uni en l'an 1677. (O'Hart. *The Irish Pedigrees*.)

XV. — Patrice Wogan, écuyer, seigneur de Richardstown, laissa de dame Thomasine Chamberlaine, sa troisième femme, trois enfants, savoir :

1° Edouard Wogan, écuyer, mort dans l'île de Manille (1771-1782).

2° François, qui suit.

3° Catherine Wogan.

XVI. — François de Wogan, baronnet, baptisé le 1er juin 1720, en l'église paroissiale de Clane au diocèse de Kildare, capitaine au régiment de Dillon, puis à celui de Lally en 1744, chevalier de l'Ordre royal et militaire de Saint-Louis, fut blessé à la bataille de Lawfeld, en 1747, dont la victoire fut décidée par la Brigade irlandaise. Veuf en première et deuxième noces de dame Geneviève-Charlotte de Boisadam et de dame Marie-Anne de Vaughan, veuve sans enfant de M. Pierre de Laborde, il avait épousé, le 28 février 1772, à Dinan, en Bretagne, noble demoiselle Reine-Henriette-Claire-Céleste du Chastel, dite *Mademoiselle de la Coninais* (1), née au château de la Coninais, le 27 avril 1747,

(1) D'ancienne chevalerie et une des plus illustres de Bretagne par les services militaires qu'elle a rendus et par ses alliances, la maison du Chastel ou du Chatel, seigneurs de la Rouandais, de la Touche, de Villedenais, des Landelles, de la Bouexière, de la Gaudière, de Beaumont et de la Refflais, de noblesse d'extraction, est issue par un cadet des anciens seigneurs du Chastel-Trémejan, au diocèse de Saint-Pol-de-Léon en Basse-Bretagne, auxquels appartenait Tanneguy du Châtel, vaillant capitaine né vers 1369.

Vers 1402, du Châtel s'en va en Angleterre à la tête de 400 hommes pour venger son frère Guillaume. Il met Dartmouth à feu et à sang et ravage la côte sud de l'Angleterre. En 1407, il accompagne en Italie Louis II, Duc d'Anjou.

Énergique prévôt de Paris, en 1413-1414, il assure à Charles VI la conservation de cette et baptisée le 1er mai suivant en l'église de Taden, laquelle lui donna quatre enfants, savoir :

1º François-Jean-Patrice DE WOGAN, né le 1er septembre 1774.

2º Jeanne-Éléonore-Reine DE WOGAN, née le 28 janvier 1777, morte au château du Bois de la Motte en 1827.

3º Édouard-Jean-Pierre, qui suit.

4º César-Auguste-François-Jean DE WOGAN, né à Dinan, le 19 octobre 1781, mort en célibat.

XVII. — Edouard-Jean-Pierre DE WOGAN, baronnet, né à Dinan, le 29 mars 1778, décédé en 1854. Epousa :

1º A Dinan, le 16 frimaire an VI, Mlle Anne SCOTT, fille de feu André Scott et d'Anne du Pontavice, morte le 18 floréal de la même année.

2º A Dinan, en mai 1815, Mlle Élisabeth-Rose DE QUERHOËNT ou KERHOËNT (1), issue d'une ancienne et illustre maison de Bretagne. Il eut d'elle les trois enfants ci-après :

capitale et le Dauphin Louis, duc de Guyenne, le récompense de ce fait d'armes en le créant Maréchal de Guyenne. Il sauva ce prince des mains des Bourguignons, lors de leur entrée à Paris (1416-1418). Comblé de biens et de dignités par Charles VII, devenu roi, nommé Sénéchal de Beaucaire en 1425, grand Sénéchal et gouverneur de Provence, en 1440, il excita la jalousie et se retira en Provence où il mourut en 1449, âgé d'environ 90 ans, sans postérité. Son frère aîné, François, continua la lignée des sires du Châtel, de Liscoët, etc., etc. (De la Chesnaye des Bois — *Dict. de la noblesse.*)

De cette maison, maintenue dans sa noblesse à la Réformation de 1670, descendait Louis-Jean-Julien du Chastel, chevalier, seigneur de la Rouandais, de la Gaudière, de Beaumont et autres lieux, né à Dinan le 25 mai 1717, capitaine au régiment de Lyonnois, infanterie, chevalier de Saint-Louis, capitaine général des Milices-gardes-côtes en Bretagne, lequel avait épousé par contrat du 17 janvier 1745, Françoise-Geneviève de la Vallée, fille héritière principale et noble de François de la Vallée, écuyer, seigneur de la Coninais, et présomptive héritière de Françoise de Marcheix, sa mère. Ces époux laissèrent cinq garçons et une fille unique : Reine-Henriette-Claire-Céleste du Chastel, précitée.

ARMES : de gueules, au château d'or, sommé de trois tours du même.

(De la Chesnaye des Bois — *Dictionnaire de la noblesse*, tome XV, page 286, et Potier de Courcy — *Armorial et Nobiliaire de Bretagne*).

Cette famille a possédé, entre autres demeures seigneuriales, le château de Coëtanfaut dont la magnificence a donné naissance au dicton populaire :

> « Qui n'a vu Coëtanfaut
> « N'a jamais rien vu de beau. »

(1) Les DE QUERHOËNT, primitivement KERHOËNT, seigneurs de Hertan, du Squiriou, de Kerjean, de Boismault, de Beauchesne, de Lourme, de Graincu et de la Guerche, tiraient leur nom du château de Kerhoënt en Bretagne. Le premier de cette maison dont on fait mention est Paul, seigneur de Kerhoënt, qui vivait en l'an 1205. (Potier de Courcy.)

La maison de Kerhoënt a été reconnue comme d'ancienne extraction noble sur production de neuf générations nobles, lors de la Réformation de 1669.

« Un hasard a mis sous nos yeux des Lettres patentes de 1743, dont le préambule résume, en quelques lignes, l'histoire de cette maison, qui, suivant le témoignage d'Albert le Grand, était « *une des plus anciennes de l'évêché de Léon.* » Il y est dit que,

1° Émile-Édouard, qui suit.

2° Édouard DE WOGAN, sans alliance.

3° Zénaïde DE WOGAN.

XVIII. — Emile-Edouard DE WOGAN, baronnet, né à Dinan, le

dès l'an 600, un Querhoënt mérita, par sa vaillance, le surnom de Kergounadech (sans peur) et que, chaque année, on rappelait, dans la vieille cathédrale de Saint-Pol, son souvenir comme un exemple.

« Le sang des Querhoënt ne dégénéra point avec le temps; un des héritiers de Kergounadech, le lieutenant-général Jean-Sébastien de Querhoënt, fut nommé chevalier d'honneur de la duchesse de Berry « *pour les services qu'il avait rendus dans l'armée, où il s'était tant de fois distingué, notamment en battant les ennemis.* » Son frère, capitaine de cavalerie au régiment de Toulouse était mort de ses blessures à la suite du combat de Ramillies « *où il avait signalé sa bravoure* ».

« Jean-Sébastien de Querhoënt était à la bataille de Fridelingue, à l'affaire de Monter-kinque, « *où il a battu les ennemis sans que quatre blessures considérables aient été capables de le faire retirer du combat.* » Les lettres patentes nous le montrent ensuite à Malplaquet, « *où il reçut nombre de grièves blessures, entre autres un coup de sabre au front dont il fut trépané.* »

« M. Louis de Querhoënt, le marquis, a montré qu'il était digne de porter le nom de l'héroïque combattant de Malplaquet et Fridelingue.

« Louis de Querhoënt, capitaine-commandant au 6e chasseurs à cheval, fut grièvement blessé à Sedan en 1870. On était au matin de cette journée qui fut si fatale pour les armes françaises.

« Sourd aux supplications de ses amis, de ses chefs, malgré de cruelles souffrances (il avait un bras cassé), Querhoënt voulut rester à cheval à la tête de son escadron.

« Vers le milieu du jour, le vaillant officier a un cheval tué sous lui, et sur les quatre heures, sa nouvelle monture s'affaisse, frappée par un obus.

« Sur son ordre, ses chasseurs lui amènent un cheval, et ils remettent en selle leur héroïque capitaine. Puis, lorsque tout semble désespéré, de Querhoënt est là, calme, intrépide, au milieu des balles et des obus. Il veut rester à son poste. Parlant à ses soldats dont il est adoré, il les appelle par leur nom, leur sourit, afin de leur redonner confiance.

« Le soleil rasait l'horizon obscurci par la fumée de la poudre, la lugubre journée touchait à sa fin. Nous étions vaincus. Querhoënt ne veut pas encore désespérer; seul en avant du front de sa troupe, il suit d'un œil anxieux les mouvements de la ligne ennemie. Tout à coup, dans ces rangs qui vomissent la mort, il lui semble apercevoir un flottement, un vide... En avant! mes enfants, et vive la France!...

« Il s'élance alors pour une charge suprême, à la tête de ses cavaliers électrisés; les balles pleuvent sur cet escadron déjà si réduit; un obus vient frapper de Querhoënt au côté gauche, il tomba foudroyé!...

« Querhoënt... c'est le nom de l'un de ces chevaliers bretons qui soutinrent l'honneur de la France près de Ploërmel, dans le mémorable combat des *Trente!...*

« Comme son ancêtre, le marquis Louis de Querhoënt, capitaine au 6e chasseurs à cheval, est tombé noblement en combattant pour le pays. Elle est impérissable, la gloire de ces deux rejetons d'une illustre famille; elle est égale, elle doit être unie!

« Le marquis Louis de Querhoënt n'avait pas besoin, du reste, de remonter si haut dans l'histoire de la famille pour y trouver des modèles de bravoure et d'honneur militaire. Son père, — dont les pauvres de Langrolay gardent pieusement la mémoire, — avait fait, avec la grande armée, la campagne de Russie, et, parti sous-lieutenant, il avait gagné devant l'ennemi ses épaulettes de capitaine et la croix d'honneur que le jeune capitaine de chasseurs portait, comme une glorieuse relique, à la bataille de Sedan. »

(J. M. Peigné. *Journal de Dinan*, avril 1874.)

ARMES : *losangé d'argent et de sable.* — DEVISE : *Dieu soit loué!* (Potier de Courcy — *Armorial et Nobiliaire de Bretagne*, tome II, p. 98).

13 mars 1817, nommé chevalier de l'Ordre de la Légion d'honneur, le 11 août 1850, membre de la Société des Gens de Lettres.

Sa biographie a été rédigée en ces termes par M. H. Leverdier, dans le *Dictionnaire des Contemporains* : « M. le baron Emile de Wogan conquit son grade d'officier de spahis sur le champ de bataille. En 1847, il donna sa démission pour entreprendre les intéressants voyages qui ont été édités par MM. Hetzel et Didier, éditeurs. Voici la nomenclature de ses principaux ouvrages : *Six mois dans le Far-West. — Du Far-West à Bornéo. — Séjour à bord d'un pirate malais. — Excursion dans l'île de Bornéo* (2 vol.). *— Une tombe dans les forêts vierges. — La fleur d'Aissé. — Aventuriers et pirates. — Sandam-Lou, l'écumeur. — Janic. — Mistress Quinson, l'Irlandaise. — Youssouf, sultan de Basilan. — La princesse Aza Abul,* etc., etc.

« Aux journées de juin 1848, reprenant du service comme capitaine, on le vit au premier rang des défenseurs de l'ordre. Notamment, le 24 juin, à l'attaque d'une barricade élevée en face de l'École Polytechnique, l'héroïque officier, abandonné de ses hommes, entouré de morts et de blessés, se porta seul en avant, franchit la barricade, s'empara des deux drapeaux (1) qui la couronnaient, en chassa les défenseurs et réussit à s'y maintenir sous une grêle de balles. A la suite de ce fait unique de bravoure militaire, les officiers du régiment offrirent un sabre d'honneur à leur valeureux camarade.

« En avril 1871, il refusa d'obéir aux ordres du Directeur général des Lignes télégraphiques sous la Commune, qui le mettait en demeure de quitter le bureau télégraphique, dont il avait la direction.

« Il s'enferma dans son bureau muni d'armes, annonçant l'intention formelle de s'y défendre jusqu'à la dernière extrémité, et ne voulut pas céder aux sommations qui lui furent faites par le capitaine d'une compagnie de fédérés, envoyée *avec armes chargées*, pour l'en expulser.

« Son intrépidité le servit encore cette fois, et les jours suivants; car le bureau de Vaugirard ayant été occupé en son absence, il y revint en dépit des avis qui lui furent donnés et dut la vie sauve à l'admiration que son mépris de la mort inspira aux insurgés. Tour à tour militaire distingué, marin, chasseur de bêtes fauves, peintre, littérateur, le baron de Wogan a su se faire partout une place originale. Son style primesautier, tantôt émouvant, tantôt étincelant de verve spirituelle, ouvre çà et là de poétiques perspectives sur ses souvenirs de voyage. On sent que dans la nature il est chez lui, et que rien de grand ne lui est étranger.

« Sa réputation de gentilhomme sans peur et sans reproche a fait comme

---

(1) Ces drapeaux curieux et intéressants à plus d'un titre ont été déposés au musée de Dublin.

lui le tour de notre chétive planète. Appartenant à une famille qui compte parmi ses aïeux un vice-roi d'Irlande, au XIIIᵉ siècle, le baron de Wogan demeure l'une des figures les plus fièrement accusées de notre temps, où tout s'efface, et où les forts s'en vont. »

M. de Wogan qui est mort à Paris, le 23 juin 1891, avait épousé, le 3 mars 1848, Mˡˡᵉ Isabelle DE CHAMBERLAINE (1). De cette alliance sont issus quatre enfants, savoir :

    1° Emile-Tanneguy, qui suit.
    2° Jeanne DE WOGAN, mariée, le 26 juin 1893, à M. le comte JUST DE
        PLAUZOLLES.
    3° Emile-Tanneguy-Edouard, mort sans postérité.
    4° Alice DE WOGAN, mariée à M. NORDIN.
    5° Eva DE WOGAN, morte en bas âge.

XIX. — Emile-Tanneguy DE WOGAN, baronnet, né à Paris, le 23 novembre 1850, officier d'Académie, homme de lettres, voyageur et économiste français, membre du Conseil maritime du Yacht-Club de France et vice-président de l'Association Artistique et Littéraire de Saint-Patrice, inventeur du *Canoë* en papier le *Qui-Vive*, de la jumelle *Eclair* à mise au point et à fermeture automatique instantanée, d'un système de torpillage et de contre-torpillage électro-magnétiques, d'un procédé de durcissement pour l'acier, d'un système de renflouement et de sauvetage pour les navires, ainsi que de plusieurs autres applications nouvelles en cours d'exploitation ou d'application dans l'industrie et les sciences.

Les doctrines économiques du baron T. de Wogan ne se perdent pas dans de vagues théories ; l'auteur prétend améliorer les conditions d'existence des classes moyennes et pauvres par un moyen à la portée de tous, par le

(1) La famille CHAMBERLAYNE ou CHAMBERLAINE de Mangersbury, au comté de Gloucester, dont une branche passée en Irlande, sous le nom de Chamberlaine, s'est fixée à Down et à Antrim, est issue de Jean, comte de Tankerville, au château de Tankerville en Normandie, allié aux Montmorency de France. Jean, fils du comte A. de Tankerville, se retira en Angleterre où il fut nommé lord chambellan de Henri Iᵉʳ et fut père de Richard, lord chambellan du roi Étienne, lequel prit le nom de *Chamberlayn* à cause de son office et le transmit à sa postérité.

    ARMES : *De gueules, au chevron accompagné de trois coquilles, le tout d'argent.* — CIMIER : *une tête d'âne issante d'une couronne ducale.* — DEVISE : *Virtuti nihil invium.* (John Burke. — *A genealogical and heraldic Dictionary of the landed Gentry of Great Britain and Ireland*, en 3 volumes.)

changement radical de l'alimentation humaine. Le régime qu'il propose, le *végétarisme*, outre qu'il permettrait aux moins fortunés de faire des économies et de se constituer un capital, aurait encore pour résultats : santé, prolongement de l'existence, obstacle à la dépopulation des campagnes, extinction du paupérisme, etc. C'est à lui également qu'est due l'idée des *Comités pour l'approvisionnement à prix coûtant des classes pauvres avec cette condition que les économies ainsi réalisées seraient consacrées par les bénéficiaires à des mesures de prévoyance.*

Avec de telles idées, il est naturel que M. de Wogan ait fondé la *Société végétarienne de Paris* et la *Société nationale d'encouragement à la prévoyance*, et qu'il ait puissamment contribué à répandre, par ses ouvrages, ces doctrines nouvelles. Inventeur, ainsi que nous l'avons dit, du *canoë* en papier et désireux de montrer les services que pourraient en tirer les armées en campagne, M. le baron de Wogan a accompli, de 1884 à 1887, sur cette nouvelle embarcation qui ne pèse que 25 kilogrammes, et en se servant seulement de la pagaie, de véritables voyages au long cours pendant lesquels il n'a pas parcouru moins de 17,000 kilomètres dont 3,000 en pleine mer. On peut dire qu'il est recordman du monde en ce genre de sport.

Ce fut au cours de ces voyages, en l'année 1886, que lui arriva l'aventure suivante racontée en ces termes par le journal *La France* du 29 août 1886 :

« DE COLOGNE AU HAVRE

« Aller de Cologne au Havre par eau n'est certes pas un voyage très facile. M. *Tanneguy de Wogan*, dans un canot en papier, le *Qui-Vive*, vient cependant d'accomplir cette périlleuse traversée. Il est parti de Cologne le 12 juillet; il a remonté le Rhin, traversé la mer du Nord, doublé le cap Gris-Nez et enfin il est arrivé à l'embouchure de la Seine après être resté un mois et quatorze jours en route.

« M. Tanneguy de Wogan est revenu hier soir à Paris. Nous avons eu la bonne fortune de le rencontrer ce matin. Il nous a fait le récit des péripéties de son voyage. Elles nous ont paru fort intéressantes. C'est pourquoi nous les transcrivons fidèlement pour nos lecteurs.

« On se rappellera sans doute que le *Qui-Vive* est resté pendant cinq mois exposé dans notre « salle des dépêches » ; mais on se souviendra aussi qu'il était avarié. *La France* a raconté en temps utile comment cette avarie était arrivée au *Qui-Vive*; elle a dit que c'étaient des Allemands qui s'étaient rendus coupables de cet acte de vandalisme aussi lâche qu'incompréhensible.

« M. de Wogan fut fort étonné, un matin, de trouver son canot tout crevé. Il s'informa et eut bien de la peine à croire qu'il existât en Europe des individus assez idiots pour commettre ce méfait. Il résolut de prendre sa revanche, de montrer aux Allemands que l'intelligence doit triompher tôt ou tard de la bestialité. C'est pourquoi il a voulu s'embarquer à Cologne pour accomplir le voyage qu'il projetait.

« Donc, le 12 juillet dernier, après avoir fait savoir aux Allemands qu'il se trouvait à Cologne, l'intrépide navigateur lança son canot sur le Rhin. Le *Qui-Vive*, on le sait, est une légère embarcation construite tout en papier et dans laquelle un homme seul a quelque difficulté à trouver place. Je sais beaucoup de canotiers, et des plus intrépides, qui ne se risqueraient pas dans cet esquif, même pour une simple promenade sur le lac du bois de Boulogne.

« M. de Wogan remonta le Rhin. Aucun incident n'est à signaler pendant les premiers jours de son voyage. C'est à Rees que les péripéties commencèrent.

« A peine débarqué, il alla dans une auberge afin de se rafraîchir. Justement, le maire et les conseillers municipaux de Rees se trouvaient dans la même auberge. Le maire parlait le français. Il engagea la conversation avec M. de Wogan et le retint à déjeuner.

« Le repas terminé, il le pria de rester pour le lendemain.

« — Nous avons, lui dit-il, une fête magnifique, et, vraiment, vous nous ferez grand plaisir en y assistant.

« Le rusé Allemand insista tant et si bien que notre compatriote accepta.

« Le lendemain matin, M. de Wogan rencontra le maire dans la grande rue de Rees. Celui-ci le prit par le bras et le conduisit sur le terrain de fête.

« — Je vais vous offrir la place d'honneur, lui dit-il.

« Le simple navigateur était tout confus qu'on le traitât si magnifiquement. Il resta. A peine était-il installé sur l'estrade et avait-il jeté un coup d'œil autour de lui qu'un frisson lui passait dans tous les membres et qu'il sentait ses poings se crisper involontairement.

« Tout autour de la salle étaient des inscriptions dans le genre de celles-ci : Sadowa, Paris, Sedan, Orléans, Wissembourg, Metz, Gravelotte, Reichshoffen, Buzenval, Champigny.....

« M. de Wogan fit signe au maire.

« Celui-ci se retourna.

« — Vous fêtez aujourd'hui les héros de France, — lui dit M. de Wogan en le regardant sévèrement. — C'est bien à l'occasion de nos défaites que vous avez organisé cette solennité ?

« — Parfaitement.....

« — Et vous avez l'audace, moi Français, moi patriote, de me convier à cette cérémonie ?

« Le maire répondit par un ricanement stupide.

« — Eh bien! puisque j'occupe la place d'honneur, que je suis votre hôte et que je suis Français, on va parler de mon cher pays, ou, sinon, je me retire en faisant du scandale.

« Ils croyaient, nos Allemands, faire une fumisterie « bien bonne »; mais quand ils virent qu'elle menaçait de tourner au tragique, ils se rendirent.

« Et les lâches Teutons levèrent leurs verres, et les lâches Teutons burent à la santé de la France qu'ils avaient voulu insulter.

« Aussitôt que cette satisfaction lui fut accordée, M. de Wogan se retira sous un prétexte futile. Mais le maire de Rees doit toujours se mordre les pouces de sa mésaventure.

« Quelques jours après, à Wissau, aux environs de la frontière, M. de Wogan eut encore l'occasion de faire une niche aux Allemands.

« Il se trouvait sur la jetée avec le capitaine d'un bateau pêcheur allemand. Ce capitaine parlait assez bien le français. Nos deux marins s'ennuyaient. Pour se distraire, ils résolurent de faire partir le petit canon qui se trouvait à l'avant du *Qui-Vive*. L'Allemand fournit un paquet de poudre.

« Ils firent partir le canon tant et si bien que l'affût se brisa à moitié.

« Mais là n'est pas l'intéressant de l'anecdote. A quelques jours de distance, M. de Wogan arriva dans un village français. Sur la plage se trouvaient quelques dames qu'il connaissait, entre autres la femme du directeur d'une poudrière établie aux environs.

« Toujours pour se distraire, on fit partir le canon. M. de Wogan le bourrait et les dames, plus ou moins bravement, allaient allumer la mèche. On brûlait la poudre donnée par l'Allemand à Wissau. Le paquet se trouvait sur la banquette du canot.

« Quand ce fut le tour de la directrice de la poudrière, ses yeux s'arrêtèrent sur le paquet de poudre.

« — Mais c'est de la poudre allemande, dit-elle.

« — Effectivement. répondit M. Tanneguy de Wogan.

« Et il raconta comment il se l'était procurée.

« — Ah! monsieur. répliqua la dame, vous seriez bien aimable de m'en donner quelques grains. Depuis longtemps on essayait en vain de se procurer de cette poudre pour en connaître la composition, car elle est plus forte que la poudre française.

« Naturellement, M. de Wogan donna tout le paquet et il est probable qu'aujourd'hui. après plusieurs expériences, le directeur de la poudrière dont nous parlons a pu fabriquer une poudre au moins aussi forte que la poudre allemande. »

HENRY GIRARD.

La première des deux anecdotes que nous venons de raconter a inspiré à M. E. A. Charpentier de très beaux vers qu'il adressa à M. de Wogan et que l'on trouvera dans son ouvrage patriotique: *Hier, Aujourd'hui, Demain*, pages 44 et 45, publié à Lyon en 1886, chez Perrelon, 28, Grande Rue de la Guillotière.

En 1886, M. de Wogan fut envoyé par la Société de Géographie pour reconnaître la source exacte du Danube, mission dont il s'acquitta avec succès, rectifiant même plusieurs autres points douteux dans la géographie de ce fleuve. On a de lui deux ouvrages en langue anglaise : *Success in life* et *An Epitome of Yachting*, ainsi que plusieurs brochures ou volumes en français : *Le moyen de vivre pour dix sous par jour à l'aide du Végétarisme* (traductions italienne, espagnole et roumaine), Dentu, éditeur à Paris (édition italienne, Palerme, le journal l'*Indispensable*, 1882); *Se nourrir avec économie*, Roy, éditeur, 1884, traduit à Palerme, même journal; *Les Budgets de 800 francs et l'Epargne*, 1883; *Des Moyens à employer pour encourager la prévoyance*, Guillaumin et Cie, éditeurs; *Le Bien-être et le Pauvre, Réformes politiques, sociales et alimentaires*, Roy, éditeur; *Comment un sou devint 20,000 francs*, Plon, 1886; *La vie à bon marché*, Plon, 1887; *Conseils aux parents et aux instituteurs sur la manière d'élever et d'instruire les enfants*, mémoire couronné par la Société libre pour le développement de l'instruction et de l'éducation populaire (1er prix au concours); *Voyages du canoë en papier le* Qui-Vive *et aventures de son capitaine*, Hachette et Cie, éditeurs; *Epitome de yachting*, May et Motteroz, éditeurs, 1893; *Eva*, drame en cinq actes; *Le Duel Torcol-Gâtechair*, pièce en un acte; *Pour lire en yacht*, recueil de nouvelles; *Manuel de l'homme de mer*, May et Motteroz, éditeurs, 1894, et enfin son *Guide-Manuel des Gens de Lettres* qui a eu un si grand et si légitime succès. Plusieurs de ces ouvrages, du reste, ont été honorés de souscriptions de la part des ministères de l'Instruction publique et de la Marine. (Biographie extraite du *Dictionnaire de Larousse* (Supplément) et du journal *La France* du 29 août 1889.)

Le baron Emile-Tanneguy de Wogan a épousé le 17 octobre 1888, Mlle Griselle-Anne-Marie HUTCHINSON DE LOYAUTÉ (1), née au château de

(1) La noble famille HUTCHINSON est originaire du comté d'York en Angleterre. Le premier du nom dont la descendance est connue fut Barnard Hutchinson qui possédait la seigneurie de Cowlam au prédit comté. Il y vivait vers la fin du XIIIe siècle, avec sa femme, la fille de John Boyville, esquire, en la 10e année du règne d'Edouard Ier (1282).

Un cadet de cette famille, nommé Richard Hutchinson, connu sous le nom de Salem, alla s'établir aux Etats-Unis d'Amérique vers 1634. C'est de lui que descendait Alcander Hutchinson, esquire, sujet américain, propriétaire des plantations de Washington et de Bunker-Hill, à l'île de Singapore et dans la province de Malacca, aux Indes Orientales. Il vint avec son père Hiram Hutchinson de Middeton, esquire, en France en 1853, et il épousa à Châtillon-sur-Loing (Loiret) le 19 janvier 1858, noble demoiselle Henriette-Emma-Aimée DE LOYAUTÉ, née à Paris, le 9 février 1836, fille aînée et cohéritière d'Henri-Louis

Langlée, près Montargis (Loiret) le 2 mars 1860, dont Yvonne-Betsy-Isabelle DE WOGAN, née le 22 novembre 1893.

comte de Loyauté (dernier du nom) et de Marie-Anne Serle. Elle est nièce de Mme la duchesse de Montmorency-Luxembourg.

De ce mariage est issue : Griselle-Anne-Marie Hutchinson de Loyauté précitée.

ARMES : *Parti de gueules et d'azur, semé de croisettes recroisettées d'or, au lion d'argent, armé et lampassé d'azur brochant, qui est de* HUTCHINSON; *sur le tout un écu de sable, à la bande d'or, côtoyée en chef de trois canettes d'argent, qui est* DE LOYAUTÉ. — COURONNE : *de duc de laquelle est issante une coquatrice d'azur, becquée et crêtée de gueules.* — DEVISE : *Loyauté me lie.*

PIÈCES JUSTIFICATIVES

TRANSFERT DU DOMAINE DE RATHCOFFY
PAR ÉDOUARD II, ROI D'ANGLETERRE
A JEAN WOGAN
VICE-ROI D'IRLANDE

ROTULI MEMORABILES SCACCARII, ANNO DECIMO EDUARDI SECUNDI
(A. D. 1317.)

Quia Isabella que fuit uxor Henrici de Rocheford, que manerium de Rathcofy tenuit in dote sua, ut de terris et tenementis que fuerunt predicti Henrici in Okethy ipsam contingentem, jamdiem clausit extremum, per quod reversio ejusdem dotis ad regem pertinet ratione predictarum terrarum et tenementorum de Okethy in manu Regis existencium, mandatum fuit vicecomiti Kildar et Thome de Kent, vel alteri, quod predictum manerium de Rathcoffy cum pertinentibus in manu Regis caperent et ceteris custodibus ibidem ex parte regis committerent, quid exit inde Regi responderent, donec aliud etc. Iidem vicecomes et Thomas retornaverunt quod totum manerium de Rathcoffy cum aliis terris et tenementis que predicta Isabella tenuit in dote in Okethy, captum est in manu Regis et committitur custodiendum Waltero Ultagh et Philippo Otenam.

Postea 27 die augusti predictum manerium de Rathcoffy per thesaurarium commissum fuit JOHANNI WOGAN in forma que sequitur et habuit inde breve vicecomes Kildar, sicut patet in sequenti.

REX Vicecomiti Kildar salutem. Quia concessimus JOHANNI WOGAN manerium de quo Isabella que fuit uxor Henrici de Rochefort, jam defuncta, nuper tenuit in dotem de tenementis de Okethy, que ex dono et vendicione predicti Henrici devenit ad manum nostram et que tercia pars jam per mortem prefate Isabelle ad

No 1199, p. 305.
Johannes de Wogan

Manerium de Rathcoffy

No 1200.

manum nostram venit racione predictarum terrarum et tenementorum in manu nostra sic existencium, habenda eidem
Johanni Wogan, quamdiu nobis placuit, ita quod idem Johannes
de reddita de predicta dote de termino Pasche proximo preterito
nobis respondeat in Scaccario Dublini, et similiter de raciona-
bili extenta ejusdem dotis nobis respondeat per annum ad
predictum scaccarium, tibi precipimus quod predictum manerium prefato Johanni deliberari facias.

Et vicecomes retornavit quod fieri fecit executionem litteris
predictis.

Rex Thesaurario et baronibus de Scaccario Dublini salutem.
Quia computum est per inspeccionem rotulorum memorabi-
lium de Scaccario predicto quod terre et tenementa de Okethy
per Nicholaum de Balscote, unum baronem de Scaccario
predicto, liberata fuit Johanni Wogan integre cum dote eorun-
dem tenementorum, capta in manum nostram pro vestimento
facto in manerio de Rathcoffy per Henricum de Cruys et Isa-
bellam qui dictum manerium habuerant in dotem ipsius Isabelle,
et postea iidem Henricus et Isabella idem manerium rehabuerunt
per certum finem inde factum in Scaccario predicto, faciendo
feoditatem predicto Johanni pro dote predicta; ita quod idem
Johannes seisitus fuit primo tam de terris dotis predicte in do-
minico quam de feoditate predicto, concordatum est per Roge-
rum de Mortuo Mari (1) locum nostrum tenentem in Hibernia
et consilium nostrum ibidem quod dospredicta capta in manum
nostram per mortem predicte Isabelle predicto Johanni libenter
tenenda juxta formam doni nostri predicti eidem Johani nuper
inde facti, una cum exitibus ejusdem dotis medio tempore per-
ceptis; vobis mandamus quod manum nostram de dote predicta
amovere faciatis et prefatum Johannem eam habere permittatis
in forma predicta.

Dublini, 16 die maii, anno regni nostri decimo. Pretextu
cujus brevis per thesaurarium mandatum est vicecomiti Kildar
quod manu Regis de dote predicta amovere faciat et prefatum
Johannem eam habere permittat. (*Record Office*, *Four Courts*,
à Dublin).

(1) Roger de Mortimer, lieutenant du roi en Irlande.

Requête de David Wogan, chevalier, au roi Richard II
(23 janvier 1393.)

A vous, Seigneur, Justice et Conseil. Notre Seigneur le Roy Irland, monstre Davy Wogan, Chevalier, que comme un Henry Wogan, Chevalier, lessa a Henry Kent et Marion sa femme toutz les meses, terres et tenementz ou lez appurtenaunce en New-halle, Ledytoun et Gleglanestoun, pour terme de la vie les avanditz Henry et Marion, rendaunt a dit Henry Wogan et ses heires x. li., et un oustoure, de rent par an, le quel rent après la mort de dit Henry Wogan descende à un Johan Wogan, Chivaler, come a frere et heire le quel Johan mesme le rend graunta a dit Davy et sez heyres as toutz joures par sa chartre portaunt date le XVI. jour de Julij, lan notre dit Seignour le Roy qorest par fors de quel graunt les dit Henry Kent et Marioun attornerent, le quel rent devaunt le graunt a dit Davy fuist sesi es maynes notre dit Seignour le Roy par cause d'apsence le dit Monsieur Johan; que pleise pardoner les issues et arrerages del dit rent a dit Davy puys le dit purchace, consederaunce, tres-honores Seignouries, les grauntez travailles que le dit Davy ad suffert, et suffre de jour en autre, es guerres notre dit Seigneur le Roy, pour Dieu et en eoure de charité.

Indorsacio (1). Pour ceo que monstre est par David Wogan, Chevalier, que lentier rent dont cest peticioun fait mensioun fuit seises es maynes le Roi pour cause de abcense Johan, Chevalier, frere et heir Henry Wogan, Chevalier, qel cause, par force dune ordenaunce ent nadgers fait à Gilleford encontre abscentes, doune au Roi forfaitoure des possessiouns des ditz abscentes et que le dit Davy ad purchace la dite rente en fee, et les tenantz des terres et tenementes deins contenus a terme de vi ont retournez a luy en deseritauntz du Roi et sa corone, et que le dit David a pris la dit rent pur (2) la possessioun le Roi en contempt et desheritesoun du Roi, accorde est par la Justice et Concelle, que lentier rent avauntdite soit seise en la

*Pour
David Wogan
Chevalier.*
—
*An du Seigneur
1393.*
*Supplique à l'ef-
fet d'obtenir une
diminution dans
le paiement d'une
rente et de l'arrié-
ré d'une rente via-
gère en Newhall,
Ledytown et Gle-
glanestoun, les ter-
res qui en fournis-
saient le paiement
ayant été saisies
par le Roi en vertu
d'une ordonnance
faite à Guildford
contre des absents.
La rente aussi bien
que la terre d'où
elle provenait fut
saisie par ordre
du Roi et le
demandeur ainsi
que ceux qui lui
avaient vendu la-
dite rente furent
condamnés à une
amende pour «con-
tempt of court».*

(1) Endossement.
(2) Sic dans le manuscrit pour *Sur*.

mayn le Roi, ensemblement ove la reversion (1) des terres et
tenementes avaunditz, et il paie de touz les arirages ent encur-
ruz puis la premier seisyn, et que le dit Davy, et les tenaunz
a terme de vie, fassent fyn en la Chauncellerie au Roi pour les
contemptz suis diz, et sur ceo soit brief mande as Tresorer et
Barouns de Lescheqer Dirland, pour faire la leve de la rent
avauntdite, et des arirages dycelles. Doune a Kilkenny, le
XXIIJ. jour de Janver l'an 1393.

(Extrait de l'ouvrage intitulé : *Extract of the Roll of the Proceedings
of the King's Council in Ireland for a portion of the sixteenth
year of the reign of Richard the Second*; pages 106-107).

Charles Wogan

The Flying Post ou *Postmaster* du samedi 5 mai à mardi
8 mai 1715 : (traduction).

Jeudi dernier..... .....entre onze heures et minuit, le brigadier Mackintosh, un des généraux du Prétendant, a réussi à
s'échapper de la prison de Newgate en compagnie de sept autres
rebelles; John Mackintosh, Charles Wogan, James Talbot,
Robert Hepburn, William Delmahoy, Albert Delmahoy et John
Tasker. Le jour suivant fut publiée une proclamation du roi avec
offre de 25,000 francs de récompense pour la capture du général et de 12,500 francs de récompense pour Charles Wogan et
chacun des autres évadés. Il paraît qu'ils avaient forcé leur
chemin à travers les portes de la prison, après avoir terrassé
leurs gardiens. Six autres prisonniers réussirent à s'échapper
avec eux et à les suivre jusqu'à Warrick-Lane, mais ils se
laissèrent reprendre comme ils sortaient de Warrick Court
qu'ils ne savaient pas être un cul-de-sac. On dit aussi que plusieurs autres prisonniers avaient essayé de s'échapper à la
même occasion, mais en avaient été empêchés par suite d'une
erreur dans le choix d'un escalier de sortie et par les coups de
feu que leur tiraient la garde.

Mercurius Politicus de mai 1716 (traduction) :

Les yeux de la ville entière étaient maintenant fixés sur ce

(1) Par contraction pour reu's.

qui allait se passer à la Cour de justice, quand vendredi soir, la veille du jour où les prisonniers devaient passer en jugement, vers onze heures du soir, le général Mackintosh, Charles Wogan et six autres prisonniers réussirent à s'échapper de la prison de Newgate et cela d'une façon inattendue et peu ordinaire en terrassant leurs gardiens et ensuite en faisant une trouée à travers la garde jusqu'aux portes de sortie.....

(Même journal et même article). Il est certain que des essais avaient eu lieu deux jours auparavant à l'effet de corrompre certains des soldats qui étaient placés comme sentinelles à l'intérieur de la prison et aux portes de sortie. A l'un d'eux on avait offert 12,500 francs et un fort à-compte sur cette somme, de suite, s'il voulait seulement favoriser leur fuite, et deux des militaires qui avaient reçu ces offres le firent savoir au Lord-Maire. A la suite de cette information, les gardiens avaient été avertis du complot qui s'organisait et le nombre des hommes de garde avait été augmenté; mais en dépit de toutes ces précautions, l'énergie du général Mackintosh fut telle qu'il surmonta tous les obstacles et réussit à s'échapper avec Charles Wogan et six autres prisonniers (1)......

Quelques-uns furent repris. Le *Flying-Post* où *Postmaster* de mardi 8 mai et jeudi 10 mai 1716, raconte que : «.....Hier M. Talbot, fils naturel du fameux comte de Tyrconnell, un des rebelles qui parvint à s'échapper de la prison de Newgate, fut repris dans une maison de papistes et fut jeté attaché par de doubles chaînes dans le trou des condamnés» (Traduction).

D'autres furent plus heureux. Le *Weekly Journal* ou *British Gazetteer* du samedi 2 juin 1716, annonce qu'un prisonnier de Newgate a reçu avis que le général Mackintosh, Charles Wogan et d'autres prisonniers qui s'étaient échappés en même temps qu'eux étaient arrivés sains et saufs en France (traduction).

Le *Flying-Post* ou *Postmaster* de jeudi 17 mai à samedi 19 mai 1716. Londres, 19 mai (traduction) :

Hier M. Radcliff, frère de Lord Derwentwater, M. Mackintosh, un vieillard de plus de soixante ans et M. Wogan ont passé en

---

(1) La proclamation du roi Georges avait été publiée dans le *London Gazette* de eudi 5 mai à mardi 8 mai 1716.

jugement et ont été convaincus de haute trahison, le major Blair plaida coupable et ils furent tous condamnés à la peine de mort. (Le Wogan dont il est question ici était Nicholas Wogan.)

C. f. *Weekly Journal*, 26 mai 1716 :

Nicholas Wogan reçut ensuite son pardon. (Le document en question se trouve en la possession de lord Talbot de Malahide.)

Patten's History of the late Rebellion (1717) :

Noms des Lords faits prisonniers après la bataille de Preston, page 131..... : Nicholas Wogan, capitaine, un Irlandais qui en raison de la façon généreuse dont il traita le major Preston, fait prisonnier par lui, a grande chance de recevoir sa grâce. On l'a fait sortir de la prison de Newgate, ce qui est déjà un acheminement. Ayant passé en jugement, il avait été reconnu coupable de haute trahison; c'est un papiste.

Charles Wogan, un Irlandais, se comporta avec beaucoup de bravoure à Preston. M. Forster l'appelait son *aide de camp*. Il réussit à s'échapper de la prison de Newgate; c'est un papiste.

BREF DU PAPE CLÉMENT XI CRÉANT SÉNATEURS ROMAINS CHARLES WOGAN, RICHARD GAYDON, LUC O'TOOLE ET JEAN MISSETT (1719).

S. P. Q. R.

Quanquam ea semper fuerit Urbis Romæ fælicitas, ut Cives undequaque admirabiles omni ævo genuerit. et cæteros pari virtute præstantes proprio quodam jure suos fecerit : sive quod nullibi fælicius nascantur virtutes quam ubi tot exemplis præmiisque excitantur; sive quod alibi gentium natæ ad hanc relicti propriam sedem sponte sua confluant; sive Orbis Terrarum, in singulis ferme provinciis auctus Coloniis Romana virtute deductis vices rependat Almæ Parenti, diem Viros lectissimos ad hanc dirigit excipiendos; eos tamen peculiari affectu complexa est, quos de Republica optime meritos præclari alicujus gesti gloria commendat, et supra mortales cæteros evehit. Cum itaque Illustrissimi Viri CAROLUS WOGAN de Racoffy, Ablegatus serenissimi Regis JACOBI III, ad serenissimum Principem Poloniæ Jacobum; RICARDUS GAYDON de Irishtown, major cohortis

Hibernicæ de Dillon, Eques Ordinis Regis Sancti Ludovici in Francia; Lucas O'toole de Victoria, Capitaneus ejusdem Cohortis; Joannes Misset, Kildaria Capitaneus ejusdem cohortis, non solum clarissimæ Patriæ splendore ac Familiæ laude, morum gravitate et innocentia, rerum gerendarum usu atque peritia, fide, constantia optimis Regibus probata, potissimum in re militari, ita excelluerint, ut aliqui eorum per vicena, ac tricena stipendia promoti sint ad amplissima in legionibus munera; merita vero superiora cumulaverint recenti testimonio virtutis, ac fidei erga Serenissimam Angliæ Reginam Clementinam Serenissimi Poloniæ Principis Jabobi filiam Nuptem vero Serenissimi Regis Poloniæ Joannis Tertii, immortalis memoriæ Principis (cujus beneficio Christianæ Reipublicæ salus, et Imperii Romano-Germanici dignitas, ac libertas asserta fuit pluribus victoriis contra barbaros reportatis); Dum eundem Principem Augustis Affinitatibus junctam singulis propemodum Europe Regibus feliciter perduxerunt, tum ad Regias Nuptias Serenissimi Jacobi III, Britannici Regis, Fidei Defensoris, tum ad Urbem Romam suo adventu ornandam, avitæque pietatis, ac religionis exemplis augendam, quæ nuper suspexerat in Serenissima Poloniæ Regina Maria Casimira ejus Avia; eaque præclare gesta non sine maximis difficultatibus, providentia, subscriptione communiri; atque ab ejusdem S. P. Q. R. scriba subscribi mandavimus. Ex Capitolio anno ab Urbe condita CXƆ.CXƆ.CCCCLXXI, ab Orbe autem redempto MDCCXIX. Sanctissimi autem in Christo Patris ac Domini nostri Clementis Papæ XI, Anno XIX, Idibus Junii.

Ippolitus Albanus Conservator

Sforzia Taurusius Conservator

Rainerius Bussius Conservator

Sanctes Kandaninus

(*Locus Sigilli*) Sac. S. P. Q. R. Scriba.

Lettres patentes de chevalier et de baronnet
pour Charles de Wogan, écuyer.

(Signature)

JACQUES ROI.

GRAND SCEAU ROYAL
SUR
HOSTIE ROUGE.
—
1719

JACQUES, par la grâce de Dieu, roi d'Angleterre, d'Écosse, de France et d'Irlande, Défenseur de la foi, etc., etc.

A tous ceux que concerne le présent.

SALUT :

Etant reconnu que notre fidèle et bien aimé CHARLES DE WOGAN, Esquire, a non seulement tout fait dans le bien de notre service, mais encore pour soutenir l'indubitable justice de notre cause, en cela poursuivant l'exemple que lui donna l'ancienne et loyale famille en Irlande dont il est descendant, plus dans l'année 1715, il s'est distingué en prenant publiquement les armes pour la défense de notre Couronne, et pour laquelle cause il a subi l'exil et l'emprisonnement et comme depuis cette époque, nous avons confié à son expérience plusieurs missions importantes qu'il a remplies à notre entière satisfaction et plus spécialement ayant, au mois de novembre dernier, envoyé ledit CHARLES DE WOGAN de Rome à Inspruck, chargé de nos pleins pouvoirs pour mettre toute son énergie en activité afin de délivrer la princesse Clémentine Sobieska, notre présente royale consorte, qui y était retenue prisonnière par nos ennemis dans le but d'empêcher notre présente heureuse union.

Ledit CHARLES DE WOGAN a, avec tant de prudence, courage et adresse, trouvé le moyen de son évasion, en la conduisant en Italie, à travers d'innombrables dangers et difficultés, à notre inexprimable joie et à son propre immortel honneur, et étant résolu de donner audit CHARLES DE WOGAN une marque spéciale de notre faveur et distinction, il est notre plaisir et volonté Royale et nous ordonnons que des lettres patentes soient passées sous le grand sceau de notre royaume d'Irlande, faisant et créant pour les motifs expliqués ledit CHARLES WOGAN, chevalier et baronnet de notre royaume d'Irlande, pour tenir ce titre, lui et ses héritiers mâles, avec tous les privilèges, immunités et avantages y attachés, lesdites lettres patentes doivent contenir toutes les clauses nécessaires pour les rendre valables et nous les dispensons de toutes informalités ou erreur, dans le cas où elles en contiendraient et nous ordonnons que lesdites lettres patentes soient passées sous le grand sceau de notre royaume *Per Saltum*, sans passer sous d'autres sceaux.

A tous ceux que le présent concerne que ceci soit garanti.

Donné à notre Cour de Montefiascone, dans l'année 1719 et dans la 18e de notre règne.

Par l'ordre de Sa Majesté,
DU MAIRNEZ (1er Ministre.)

Traduction d'après l'original anglais en parchemin, appartenant à M. le baron T. de Wogan, à Paris.

BREVET DE CAPITAINE AU RÉGIMENT D'INFANTERIE D'IRLANDA
POUR DON CARLOS WOGAN
(20 octobre 1725.)

✝

Don Phelipe por la Gracia de Dios, Rey de Castilla, de Leon, de Aragon, de las dos Sicilias, de Jerusalem, de Navarra, de Granada, de Toledo, de Valencia, de Galicia, de Mallorca, de Sevilla, de Cerdeña, de Cordova, de Corcega, de Murcia, de Jaen, de los Algarves, de Algecira, de Gibraltar, de las Islas de Canaria, de las Indias-Orientales y Occidentales, Islas, y Tierra-Firme del mar Oceano, Archiduque de Austria, Duque de Borgoña, de Bravante y Milan, Conde de Abspurg, Flandes, Tirol y Barcelona, señor de Vizcaya y de Molena etc., etc. Por quanto atendiendo a los servicios y meritos de vos Don Carlos Wogan, y eliso y nombro por Capitan de la Compania que fue a Don Raymundo Flaarty y se halla vaca en el Regimiento d'Infanteria d'Irlanda.

Por tanto mando al Capitan General ó Commandante General, à quien tocare, dè la orden conveniente, para que se os ponga en possession de la referida Compañia; y à los officiales, y soldados de ella, que os reconozcan y respeten por su Capitan, obedeciendo las ordenes que les diereis de mi servicio, por escrito, y de palabra, sin rèplica, ni delacion alguna; y que assi ellos, como los demas Cabos mayores y menores, officiales,

y soldados de mis Exercitos, os ayan y tengan por tal Capitan,
guardandos, y haziendos guardar las honras, preeminencias,
y essempsiones que os tocan y deben ser guardadas, sin que
os falte cosa alguna, que assi es mi voluntad, y que el Intendente de la Provincia ó Exercito donde fuereis à servir, de
assimismo la orden necessaria, para que se tome razon de este
despacho en la contaduria principal, en la que se os formará el
assiento de dicho Empleo, con el sueldo que os correspondiere,
segun el ultimo Reglamento y el goze de èl desde el dia que
precediendo estos requisitos tomareis possession de la expres-
sada Compania, segun constare de la primera revista.

Dado San Lorenzo à viente d'Octubre de mil setecientos y
veinte y cinco.

Yo El Rey.

(Sceau Royal) Don N.... Lahño.

Patente de Capitan à Don Carlos Wogan.
Zaragoza Octtᵉ 30 de 1725.
Cumplare que S. M. Dios le General se sirbemanda en este su
A Despacho.

Signature illisible.

Zaragoza 30 de Octubre de 1725.
Tome la razon la Cont. principal de M. el Rey.

Signature illisible.

Queda tomada la Razon de esta Rˡ Patente en los libros de la
Compania Prāl de mi campo y en su notus echo el assiento cor-
respondiente. Zaragoza treinte de Octubre de 1725.

Lorenzo de Sagassero.

BREVET DE GOUVERNEUR (MAYOR) DE BARCELONE EN FAVEUR
DE CHARLES WOGAN, GÉNÉRAL DE BRIGADE
(14 mai 1750.)

✝

EL REY.

Por quanto he concedido agregacion en El Estado Mayor de
la Plaza de Barcelona al Brigadier Don Carlos Woghan. — en
calidad de Brigadier graduato des mis exercitos — para que

continuè en alla sus servicios : Por tanto mando al Capitan
General, ò Commandante General à quien toca, dè la orden ne-
cesaria para el Cumplimiento de lo referido, y el Intendente la
que corresponde, para que se tome la razon en la Contadurià
principal, donde se ha de formar assiento all expressado
Don Carlos Woghan con el Suéldo de Ciento y diez excudos de
Vellon al Mescomo, Connel vivo de Infanteriá sin companià. —
con calidad, que se haya de presentar, y estàr agregado dentro
del termino de dos meses de la secha de este Despacho; y no
executandolo assi, quedara nulo. Dado en Aranjuez à catorce
de mayo de mil setecientos y cinquenta.

Yo El Rey.

Senon de Smodeville.
O. M. Concede agregacion en el Estado mayor de la Plaza de Barcelona
al Brigadier Dⁿ Carlos Woghan.
Barcelona y mayo 29 de 1750.
Cumplare lo que el Rey manda.   (Signature illisible).
Tomesse la razon en la Compania prāl de este extô y Principº. Barcelona
29 de mayo de 1750.

            Tomo la Razon,   Joseph de Contamina.
    Joachin Ruiz de Ponxa.

Naturalité pour Nicolas Wogan
(5 mars 1724.)

Louis par la grace de Dieu, Roy de France et de Navarre, à tous
présens et à venir, salut. Notre cher et bien aimé Nicolas Wogan,
capitaine refformé dans le Régiment de Bervic, natif du Comté
de Kildaert, près Dublin, en Irlande, faisant profession de la
Religion catolique, apostolique et Romaine; nous a fait remon-
trer qu'estant venu en France il y a cinq ans, il s'y est habitué
en notre bonne ville de Paris, où il désireroit continuer sa
demeure, y vivre et y finir ses jours comme un de nos naturels
sujets, nous suppliant très humblement de luy accorder nos
Lettres de naturalité sur ce nécessaires, A ces causes, voulant
favorablement traiter ledit Nicolas Wogan, de l'avis de notre
Conseil et de notre grâce spéciale, pleine puissance et autorité
Royale, nous l'avons reconnu, tenu, censé et réputé, le reconnoissons, tenons, censons et réputons par ces présentes signées
de notre main pour notre vray et naturel sujet et Regnicole, Vou-

lons et nous plaist qu'il puisse demeurer en notre dite bonne
ville de Paris ou tel autre lieu de notre Royaume qu'il désirera
et qu'il jouisse de tous les droits et privilèges, franchises et
libertez dont jouissent nos vrays et originaires sujets, succéder,
avoir, tenir et posséder tous biens meubles et immeubles qu'il
a acquis et pourra acquérir ou qui luy seront donnez, léguez
ou délaissez, d'iceux jouir, ordonner et disposer par testament
et ordonnance de dernière volonté, donnation entrevive ou
autrement ainsy que de droit luy sera permis et qu'après son
deceds, ses enfants héritiers ou autres, en faveur desquels il
pourra disposer luy puissent succéder pourveu qu'ils soient
nos Regnicoles, tout ainsy que s'il estoit originaire de notre
Royaume, sans qu'au moyen de nos ordonnances et Reglemens
d'iceluy, il luy soit fait aucun empeschement ny que nous
puissions prétendre ny nos successeurs Roys lesdits biens nous
appartenir par droit d'aubeine ou autrement en quelque sorte
et manière que ce soit l'ayant quant à ce habilité et dispensé,
habilitons et dispensons, sans que pour raison de ce, il soit
tenu de nous payer, ny à nos successeurs Roys aucune finance
de laquelle, à quelque somme quelle se puisse monter, nous luy
avons fait et faisons don et remise par ces présentes, à la
charge de finir ses jours en notre Royaume dont il ne pourra
sortir sans notre permission expresse et par écrit, et de ne
s'entremettre pour aucuns Etrangers à peine de nullité des présentes. *Si donnons en mandement* à nos améz et féaux Conseillers les Gens tenans notre Chambre des Comptes à Paris, Pré-
sidens, Trésoriers de France Généraux de nos finances audit
lieu et autres nos justiciers et officiers qu'il appartiendra que
ces présentes ils ayent à faire enregistrer et du contenu en
icelles jouir et user ledit Wogan pleinement, paisiblement et
perpétuellement, cessant et faisant cesser tous troubles et em-
peschemens contraires, car tel est notre plaisir, et affin que ce
soit chose ferme et stable à tousjours nous avons fait mettre
notre scel à ces dites présentes. Donné à Versailles, le 5 mars
de l'an de grâce mil sept cent vingt-quatre et de notre Règne,
le neuviesme.   Louis.

(*Archives nationales. — Section administrative.* — Lettres patentes
de naturalité : Registre O¹ 350; folio 150).

RÉPUBLIQUE FRANÇAISE

PAR ORDRE DU MINISTRE DE LA GUERRE

LE CHEF DU SERVICE

CERTIFIE *que des registres matricules et documents déposés aux Archives de la Guerre a été extrait ce qui suit :*

NOM ET SIGNALEMENT du militaire.	DÉTAIL DES SERVICES
WOGHAN (NICOLAS) Né le 13 mars 1700 à Gallway (Irlande).	Lieutenant réformé, à la suite du Régiment de Berwick (inf^rie), en .... 1723 Lieutenant en second......... 21 septembre 1729 Capitaine réformé, le .... 16 novembre 1733 Capitaine, le..... 24 novembre 1741 Retiré avec une pension de retraite, le ...... 1er août 1754 *Campagnes.* 1733, 1734 et 1735, Allemagne ; 1742, Flandre ; 1743, Bas-Rhin ; 1744 et 1745, Flandre ; 1746, Expédition d'Écosse ; 1747-1748, Flandre. *Blessures.* Amputé du bras droit par suite d'un coup de feu reçu le 11 mai 1745, à la bataille de Fontenoy. *Décorations.* Chevalier de Saint-Louis, en 1745.

POUR EXTRAIT :
(Signature).

VÉRIFIÉ :
Le Sous-Chef,
(Signature).

Le Chef,
(Signature).

DÉLIVRÉ

SANS AUCUN FRAIS

A M. le baron T. de Wogan, 8, rue Meissonier, à Paris, en réponse à sa demande, enregistrée n°s 200 et 202.

Fait à Paris, le 10 janvier 1895.
(Signature).

NOTA. — Le présent certificat tient lieu de duplicata de brevets, de lettres de service, du congé de libération, du congé de réforme.

Permission de mariage pour François de Wogan (1745).

Nous soussigné colonel d'un régiment d'infanterie irlandoise au service de S. M. T. C., certifions que le chevalier DE WOGAN, capitaine dans notre régiment, est d'une noble et ancienne famille d'Irlande, et que l'aîné de sa maison jouit actuellement dans le pays, et ses ancêtres avant luy, d'un bien de trente mil livres de rente depuis plus de six cents ans. En foy de quoy nous luy avons donné le présent ainsi que la permission de se marier, en conséquence des ordonnances du Roy qui nous y authorisent. Fait à Paris, le 7 octobre 1745.

LALLY.

(Scellé du cachet de ses armes couronnées en cire rouge. — Original aux archives de M. le baron Tanneguy de Wogan).

Naturalité pour François de Wogan
(Février 1764.)

LOUIS, PAR LA GRACE DE DIEU, Roy de France et de Navarre, à tous présens et à venir, salut. Notre cher et bien aimé FRANÇOIS DE WOGAN, cy devant capitaine au Régiment Irlandois infanterie de Lally, chevalier de l'Ordre Royal et militaire de Saint-Louis, fils de Patrice de Wogan et de Thomas Chamberlaine, d'extraction noble, natif du lieu de Menam Diocèze de Kildare, province de Linster en Irlande, faisant profession de la religion catholique, apostolique et romaine, Nous a fait représenter que dès l'année 1732 il fut employé à Notre armée dans le régiment de Dillon infanterie, que réformé en 1744, il entra dans le régiment de Lally et nous a servit jusqu'en l'année 1748 qu'il obtint sa retraite pour se retirer en la ville de Dinan, en Bretagne, où il se propose de finir ses jours, et que dans cette résolution il désireroit participer aux mêmes avantages dont jouissent Nos vrays naturels sujets et régnicoles, s'il nous plaisoit de luy accorder nos lettres de naturalité sur ce nécessaires. A ces causes et sur les témoignages qu'on nous a rendus des services dudit sieur DE WOGAN, de son attachement et de sa fidélité, Nous l'avons reconnu, tenu, censé et réputé et de notre grâce spéciale, pleine puissance et autorité Royale, reconnoissons, tenons, censons et réputons par ces présentes signées de notre main pour notre vray naturel sujet et régnicole, voulons et nous plaist que comme tel il puisse et lui soit permis de demeurer en telle ville de notre Royaume qu'il désirera, et que ledit sieur Wogan y jouisse de tous les privilèges, franchises, libertés dont jouissent nos véritables sujets et régnicoles, qu'il puisse tenir et posséder tous biens meubles et immeubles qu'il peut avoir acquis et pourra acquérir ou qui lui seront délaissés pour en jouir et disposer par testament, ordonnance de dernière volonté, donnation entre vif ou autrement ainsi que de droit lui sera permis et qu'après son décès ses héritiers, successeurs ou autres en faveur desquels il en aura disposé lui puissent succéder, pourvu toutefois qu'ils soient nos régnicoles tout de même que s'il étoit originaire de notre Royaume, sans qu'au moyen des ordonnances et règlements d'ycelui il lui soit fait aucun empêchement et que nous puissions prétendre les dits biens nous apartenir par droit d'aubaine, ny autrement, en quelque sorte et manière que ce soit, l'ayant à cet effet habilité et dispensé, habilitons et dispensons par ces présentes sans que pour raison de ce, il soit tenu de nous payer aucune finance ny à nos successeurs Roys, de laquelle à quelque somme qu'elle puisse monter nous lui avons fait don et remise par ces mêmes présentes, à la charge par ledit sieur Wogan de finir ses jours dans notre Royaume dont il ne pourra sortir sans notre permission expresse et par écrit et de ne s'entremettre pour aucun étranger en quelque manière que ce soit, à peine de nullité des présentes. Sy donnons en mandement à nos améz et féaux Conseillers les gens tenans notre Chambre des comptes à Nantes, Présidents, Trésoriers de France en Bretagne que ces présentes ils ayent à faire registrer et du contenu en icelles jouir et user ledit sieur DE Wogan pleinement, paisiblement et perpétuellement, cessans et faisans cesser tous troubles et empêchements contraires, car tel est notre plaisir et affin que ce soit chose ferme et stable à toujours nous avons fait mettre notre scel à ces dites présentes. Donné à Versailles, au mois de février de l'an de grâce 1764 et de notre Règne le quarante-neuvième.   Louis.

(Archives nationales à Paris — Section administrative. — Lettres patentes de naturalité, Registre O¹ 360 A, folio 153).

RÉPUBLIQUE FRANÇAISE

PAR ORDRE DU MINISTRE DE LA GUERRE

LE CHEF DU SERVICE

CERTIFIE *que des registres matricules et documents déposés aux Archives de la Guerre a été extrait ce qui suit :*

NOM ET SIGNALEMENT du militaire.	DÉTAIL DES SERVICES
WOGAN (FRANÇOIS) (Sans autres indications).	Lieut réformé, à la suite du Régiment de Dillon (infrie), le .... 6 octobre 1723. Enseigne, le ..... 20 septembre 1734 Lieutenant le .... 6 février 1710 Capitaine réformé au Régiment de Lally (infrie), le . 6 octobre 1744 Aide-Major, le ... 27 mars 1746 Capitaine, le ..... 17 octobre 1746 Retiré, le .... 8 décembre 1747 Avec 800 fr. de retraite. Entretenu à la suite du Château de St-Malo, le .... 2 mars 1774 (Sans renseignements ultérieurs.) *Campagnes.* 1733, 1734 et 1735, Allemagne ; 1742, Bavière ; 1743, Bas-Rhin ; 1745, 1746 et 1747, Flandre. *Blessures.* Coup de feu à la tête, le 2 juillet 1747, à la bataille de Laufeld. *Décorations.* Chevalier de Saint-Louis, à l'occasion de la bataille de Laufeld, en 1747.

POUR EXTRAIT :

(Signature).

VÉRIFIÉ :
Le Sous-Chef,
(Signature).

Le Chef,
(Signature).

DÉLIVRÉ

SANS AUCUN FRAIS

A M. le baron T. de Wogan, 8, rue Meissonier, à Paris, en réponse à sa demande, enregistrée nos 200 et 202.

Fait à Paris, le 10 janvier 1895.

(Signature).

NOTA. — Le présent certificat tient lieu de duplicata de brevets, de lettres de service, du congé de libération, du congé de réforme.

WOGAN, ORIGINAIRE D'IRLANDE, ÉTABLI A DINAN, EN BRETAGNE.

D'or, au chef de sable, chargé de trois colombes d'or (1).

Nicolas WOGAN de Rathcoffy, comté de Kildare, écuyer, mari DRESSÉ SUR TITRES.
de Catherine, fille de N. BURNELL de Castleknock, comté de
Dublin, écuyer. 1783

Ce Nicolas descendait de Sir Jean WOGAN, chevalier; le dit
Jean dans le temps d'Edouard Ier, l'an de Notre Seigneur
A. D. 1295, étoit principal et premier gouverneur d'Irlande.

William WOGAN, écuyer, épousa Anne, fille de Christophe
PLUNKETT, baron de Killeen, et de N., fille de sir Luc de Ros-
common, chevalier.

Nicolas WOGAN, écuyer, marié à Catherine, fille de Jenico
PRESTON, vicomte de Gormanston, et de Catherine, fille de sir
Nicolas de Saint-Laurence, 21e baronne de Howth, morte le
21 mai 1607, seconde femme, veuve de Luc, comte de Fingall.

Ce Jenico Preston, vicomte de Gormanston, eut pour première femme Lady Brigitte, fille d'Henry XII, comte de Kildare
et veuve de Rory O'Donnell créé comte de Tirconnell et baron
de Donegall le 23 février A. D. 1603, mais il fut proscrit en 1613.
Laissa un fils Hugues et une fille Elizabeth.

William WOGAN, écuyer, épousa Anne, | Marie, femme de
fille de Jean GAYDON, de Richardstown, | Robert WOLVERSTON;
comté de Kildare, écuyer, mort avant | écuyer.
son père, et de N..., fille de Gilbert
Sutton d'Ardrin, comté de Kildare, | Anne WOLVERSTON,
écuyer, fils aîné de Gérald de Richard- | 2e femme de Patrice
son dans ledit comté, écuyer (ladite | WOGAN, dont vint
Anne Gaydon), petite-fille de Nicolas
Gaydon d'Irishtown, comté de Kildare, | Catherine WOGAN.

(1) Armes attribuées par M. Hawkins, roi d'armes d'Irlande. Dans l'écu primor-
dial des Wogan, le chef est chargé de trois merlettes d'or. C'est celui-ci que la
famille doit maintenir.

écuyer, et de Brigitte, fille de Sir Guillaume Talbot de Castown, comté de Kildare, et sœur de Richard, duc de Tirconnel.

Patrice Wogan, écuyer, de Richardstown, comté de Kildare, épousa : 1° Marie, fille de N. Dempsey ; 2° Anne, fille de Robert Wolverston, écuyer, et de Marie Wogan ; 3° Thomasine, fille de Michel Chamberlaine (1) de Chamberlainstown, comté de Meath, écuyer.

Messire Patrice Wogan du château de Richardstown et Dame Thomasine Chamberlaine, son épouse, sont nommés dans l'acte de baptême de François, leur fils, du 1er juin 1720 (*Extrait légalisé*).

Patrice de Wogan, et Thomasine Chamberlaine sont nommés dans les Lettres de naturalité obtenues par François, leur fils, au mois de février 1764 (*Original*).

2e LIT.	3e LIT.	
Catherine Wogan.	Édouard Wogan, écuyer.	François Wogan, de Dinan en Bretagne, écuyer.

A tous ceux qui ces présentes verront, moi sir Guillaume Hawkins, roi d'armes d'Ulster et de toute l'Irlande, chevalier attendant du très illustre Ordre de Saint-Patrice, Salut, sçauront donc que moi ledit Roy d'armes par le pouvoir et l'autorité à moi accordés par Sa présente Majesté le Roi Georges III sous le grand sceau de ce Royaume d'Irlande, etc., par ces présentes certifie que François Wogan de Dinan en Bretagne dans le Royaume de France, écuyer, est descendu en ligne droite de Nicolas Wogan de Rathcoffy dans le comté de Kildare, écuyer, comme il appert par la précédente généalogie, par les Archives de mon bureau et d'après des Preuves y déposées, en foy de quoi j'ai signé mon nom et mon titre et ai mis et apposé le

(1) Cette ancienne maison est d'extraction normande, comme il paroit par les Chroniques de ce pays, ce nom étant originairement Tankerville et changé dans l'occasion suivante : un de ce nom demeuroit en Angleterre avant la conquête de Guillaume Ier, quand, par la suite du temps, un de ses descendants qui remplissoit la place de *Chambellan* dans cette cour qui prit le nom de sa charge, lequel est continué ou gardé par quelques-uns de leurs descendans jusqu'à ce temps.

cachet de ma charge au Collège d'armes au bas des présentes,
à Dublin, le dix-neuf novembre mil sept cent quatre-vingt-
trois.

William Hawkins,
roi d'armes d'Ulster et de toute l'Irlande.

De par le Lord Lieutenant général et gouverneur général de
Sa Majesté dans le Royaume d'Irlande

A l'humble requeste de sir Guillaume Hawkins, chevalier,
qui a signé au bas de la présente généalogie, nous certifions par
ces présentes et déclarons que ledit sir Guillaume Hawkins
est, en vertu de Lettres patentes sous le grand sceau de ce
Royaume, Roi d'Armes et premier héraut d'icelui sous le nom et
le titre de Roi d'armes d'Ulster et de Premier héraut de toute
l'Irlande, et que par l'autorité d'icelles il est l'Officier propre
pour tenir les Registres des Armoiries et des Généalogies de la
Noblesse et des Gentilshommes de ce Royaume et pour les cer-
tifier, ou par lui-même, ou par son député suffisant. Données,
signées et scellées du cachet de nos armes, au château de Sa
Majesté à Dublin, le cinq juillet mil sept cent quatre-vingt-cinq.

Charles, duc de Rutland.

Par ordre de Sa Grandeur, Thomas Orde.

Moi Thomas Lord Sydney, baron de Sydney, de Chiselhurst,
un des Lords du très honorable Conseil privé de Sa Majesté et
premier secrétaire d'État du département de l'Intérieur, etc., etc.,
certifie et atteste à tous ceux qu'il appartiendra que Charles
duc de Rutland par qui l'acte précédent est certifié est Lieutenant général et gouverneur général de Sa Majesté en Irlande
et qu'à tous actes écrits ainsi signés et contresignés on ajoute
et doit ajouter foi entière. Données, signées et munies du
cachet de mes armes à Whitehall, ce cinq janvier 1786.

Sydney.

Je soussigné Interprète du Roy, certifie que présent écrit est
la traduction fidèle de la généalogie et des trois certificats en

langue angloise qui y sont annexés, en foi de quoi j'ai signé et scellé les présentes à Paris, ce 24 juin 1786.

L'abbé DES FRANÇOIS.

Au dos de la généalogie en langue angloise est la légalisation cy après :

Nous Jean-Balthazard d'Adhémar de Montfalcon, des Premiers comtes souverains d'Orange, Montélimar, Grignan, etc., gouverneur des ville et château de Dieppe, grand bailly d'Epée de Mantes et Meulan, chevalier de l'Ordre Royal et militaire de Saint-Louis, premier écuyer de Mme Elizabeth de France, maréchal des camps et armées du Roy et son Ambassadeur extraordinaire et plénipotentiaire auprès de Sa Majesté Britannique, certiffions à tous qu'il appartiendra que Mylord Sydney qui a signé l'acte cy-dessus, est ministre d'Etat au Département de l'Intérieur en Angleterre et que foy pleine et entière peut et doit être ajoutée à sa signature; en témoignage de quoy nous avons signé le présent, contresigné d'un de nos Secrétaires et muni du sceau de nos armes. Fait à Londres, le 21 février 1786.

Le comte D'ADHÉMAR.

Par Son Excellence,
D'ARAGON.

Et scellé, le sceau perdu. (*Original en parchemin.*)

François WOGAN a été baptisé le 1er juin 1720, dans l'Eglise paroissiale de Mainham et Clane au diocèse de Kildare. — Extrait délivré le 4 avril 1778, par le Prêtre curé de Mainham et Clane et vicaire général. Signé Guillaume Dunn, à côté, Jacques, Évêque de Kildare, et scellé d'un cachet aux armes dudit évêque. A la suite est un certificat des mêmes seigneurs évêque et curé du 17 juin 1778, portant que le susdit Messire François WOGAN, fils de Messire Patrice WOGAN, du château de Richardstown est frère de la dame Catherine WOGAN, qui, de son vivant, étoit religieuse au couvent du Cherchemidy, à Paris. Signé Jacques, Évêque de Kildare et Guillaume Dunn, curé. La signature duquel

évêque est légalisée à Dublin, le 19 août 1778, par Jean Car-
penter, archevêque à Dublin, Primat d'Irlande, par Mylords
Fingall, comte et pair, et Gormanstown, pair et premier vicomte d'Irlande, signé d'eux, scellé du cachet de leurs armes
et leurs signatures légalisées par J. Tâaffe de Gaydon, aumônier
du Roy, le 17 septembre 1782, lequel déclare en outre que ledit
chevalier WOGAN est son proche parent et de Mme la comtesse de
Vintimille. Signé J. Tâaffe de Gaydon et scellé du cachet de ses
armes. (*Original en papier.*)

Le capitaine WOGAN, réformé dans le Régiment d'infanterie Irlandoise, fut nommé par lettre du Roy dattée de Versailles, le
24 novembre 1741, pour commander la Compagnie vacante au
régiment d'infanterie de Dillon, vacante par la promotion du
capitaine Vincent Mannery, à la Compagnie de Grenadiers, signée
Louis, et plus bas, de Breteuil. (*Original en papier.*)

M. DE VOGHAN, capitaine au Régiment d'infanterie irlandoise de
Dillon, fut nommé chevalier de l'Ordre militaire de Saint-Louis
par lettre du Roy dattée du Camp, sous Tournay, le 21 juin 1745,
par laquelle Sa Majesté lui marque qu'Elle a commis le sieur de
Creny, son lieutenant à Lille et chevalier dudit Ordre, pour en
son nom le recevoir et admettre à cette dignité, etc. Signée
Louis, et plus bas, M. P. de Voyer d'Argenson. (*Original en
papier.*)

François DE WOGAN, cy-devant capitaine au régiment irlandois
d'infanterie de Lally, chevalier de l'Ordre royal et militaire de
Saint-Louis, fils de Patrice de Wogan et de Thomasine Chamberlaine, obtint du Roy, au mois de février 1764, des Lettres patentes de naturalité, dans le préambule desquelles il est dit qu'il
est d'extraction noble, natif du lieu de Manant, au diocèse de
Kildare, province de Leinster, en Irlande, etc.; que dès l'année
1732, il fut employé au service de Sa Majesté dans le régiment
de Dillon, infanterie; que Réformé en 1744, il entra dans celuy
de Lally où il a servi jusqu'en l'année 1748; *qu'il obtint sa retraite pour se retirer en la ville de Dinan* où il se propose de
finir ses jours, etc. Dattées de Versailles, signées Louis. Sur le
reply, Par le Roy, Phelypeaux; à côté visa, Louis; enregistrées

6

aux Greffes des Chambres des Comptes et du Bureau des Finances de Bretagne, les 14 et 15 décembre 1764. Signées, Fleury et Bidon. (*Original en parchemin.*)

Messire François DE WOGAN, chevalier de l'Ordre royal et militaire de Saint-Louis, pensionnaire du Roy, ancien capitaine d'infanterie, épousa par contrat passé le 27 février 1772, devant Beslay et Pontée, notaires royaux à Dinan, noble demoiselle Reine-Henriette-Claire-Céleste DU CHASTEL, fille puînée et mineure de Messire Louis-Julien-Jean du Chastel, seigneur de la Rouandais, la Gaudière, Beaumont et autres lieux, chevalier de l'Ordre royal et militaire de Saint-Louis, ancien capitaine dans le régiment de Lyonnois, infanterie, et de feue dame Françoise-Geneviève de la Vallée, dame de la Coninais; ladite demoiselle assistée et autorisée dudit seigneur son père et autres. (*Grosse en parchemin, signée desdits Notaires.*)

Ecuyer François DE WOGAN, ancien capitaine d'infanterie, chevalier de l'Ordre royal et militaire de Saint-Louis, et dame Reine-Henriette-Claire-Céleste DU CHASTEL, son épouse, acquirent par acte passé le 13 novembre 1773, devant Lohier et de Brevy, notaires royaux à Dinan, d'Ecuyer Louis-Noël Ferron de la Ferronnais, chevalier du Quengo, ancien capitaine de cavalerie au régiment de la Ferronnays, chevalier de l'Ordre royal et militaire de Saint-Louis, pensionnaire du Roy et des Etats, sçavoir est une maison située au côté vers midy de la Grande-Rue, paroisse Saint-Sauveur de ladite ville de Dinan, tenue roturièrement de la seigneurie de Beaulieu, etc. Cette acquisition faite pour et moyennant le prix et somme de 1,800 livres, etc. (*Grosse en parchemin, signée de Brevy.*)

Sir François chevalier DE WOGAN, chevalier de l'Ordre royal et militaire de Saint-Louis, ancien capitaine d'infanterie au régiment de Lally, Irlandois, et dame Reine-Henriette-Claire-Céleste DU CHASTEL, dame de Wogan, son épouse, sont nommés dans l'acte de baptême de François-Jean-Patrice de Wogan, leur fils *gémeau*, du 1er septembre 1774. (*Extrait légalisé.*)

Messire François DE WOGAN, ancien capitaine au régiment de Lally, infanterie irlandoise, et chevalier de l'ordre royal et militaire de Saint-Louis, et noble et puissante dame Reine-Henriette-Claire-Céleste DU CHASTEL, son épouse, sont nommés dans les actes de baptême d'Édouard-Jean-Pierre et César-Auguste-François-Jean, leurs fils, des 29 mars 1778 et 19 octobre 1781. (*Extraits légalisés.*)

François DE WOGAN obtint, le 6 janvier 1782, un certificat de divers gentilshommes Irlandois, portant qu'il a servi dans le régiment de Dillon, ensuite dans celui de Lally comme premier capitaine; qu'il s'est retiré du service avec la croix de Saint-Louis, à cause de ses infirmités et de sa mauvaise vue; qu'il n'a pour toute ressource qu'une pension de 800 livres insuffisante à élever trois fils et une fille; qu'il a eu quatre de ses frères tués ou morts au service de la France sous le règne de Louis XV; qu'il est fils de feu Patrice WOGAN de l'ancienne Maison de Rathcoffy, dans le comté de Kildare, royaume d'Irlande, et de Thomasine CHAMBERLAINE, sa seconde femme; que ledit Patrice a toujours été reconnu pour bon gentilhomme vivant comme tel à la tête d'une nombreuse famille dans son château de Richardstown au même comté, et qu'ils croyent pour certain que plusieurs de ses frères ont été tués ou sont morts au service sous Louis XIV, etc. Signées : E. Tobin, le chevalier Tobin, M. Sheridan, le chevalier Sheridan, Dillon, archevêque et Primat de Narbonne, le comte de Wall, maréchal de camp, Taaffe de Gaydon, Nugent, lieutenant-général, et le comte Drummond de Melfort, lieutenant-général. (*Original en papier.*)

Francis-PATRICK WOGAN, écuyer, obtint un certificat en langue irlandoise, de huit gentilshommes, datté de Carton, au comté de Kildare en Irlande, portant qu'il a servi successivement pendant plusieurs années dans les régiments de Dillon et Lally; qu'ils sçavent aussi certainement qu'il a épousé Reine-Céleste DU CHASTEL dont il a trois fils et une fille; qu'il s'est retiré du service de la France avec la croix de Saint-Louis, et *qu'il est réellement et véritablement descendu de la noble et ancienne famille de Wogan en Irlande, dont la noblesse a été attestée par Sir William Hawkins, Roy d'armes, le 19 novembre 1783, et dont* ils ont entre les mains la Généalogie, et que ses ancêtres ont résidé pendant un grand nombre d'années à Rathcoffee dans la province de Leinster et dans le comté de Kildare. Signé : Michel Aylmer, Linster, Delvin, Fingall, Killeen et F. Aylmer, et scellé des cachets de leurs armes. Au certificat est jointe la légalisation desdites signatures faite le 16 février 1788, par Robert Decy et Gilbert Bethel, notaires et Tabellions publics admis et assermentés par autorité royale à Dublin et signé d'eux. (*Original en papier auquel est jointe la traduction faite, le 1er septembre 1788, par Dom Blondin, religieux feuillant, secrétaire interprète du Roy, signé de luy et scellé.*)

Messire François DE WOGAN, écuyer, chevalier de l'Ordre royal et militaire de Saint-Louis, capitaine des régiments de Dillon et de Lally, fit faire un acte de notoriété, le 20 décembre 1788, devant de La Rue et Drugeon, notaires au Châtelet de Paris, auquel comparurent Messire Jacques O'Flannagan, gentilhomme de S. A. S. monseigneur le duc d'Orléans et ancien lieutenant-colonel du régiment de Dillon ; Messire Theobald chevalier de Dillon, colonel du régiment de Dillon, chevalier de l'Ordre royal et militaire de Saint-Louis ; Messire Barthélemy comte O'Mahony, colonel du régiment de Berwick, chevalier de l'Ordre de Saint-Louis, chevalier honoraire de l'Ordre de Malthe et gouverneur châtelain des ville et Châtellénie du Câteau (Château), Cambresis ; de Messire Daniel-Charles comte O'Connell, mestre de camp commandant du régiment de Salm-Salm ; Messire Christophe-Alexandre de Fagan, chevalier, ancien capitaine de dragons et chevalier de Saint-Louis ; de Messire Jean comte O'Toole, mestre de camp à la suite du régiment de Berwick, chevalier de Saint-Louis, et Messire Jean Burke, prêtre, proviseur et procureur du Collège des Irlandois dit des Lombards, lesquels certifient que ledit sieur DE WOGAN demeurant en la ville de Dinan en Bretagne, où il a épousé Dame Reine-Henriette-Claire-Céleste Du Chastel, dont il a eu trois fils et une fille, est véritablement descendu de la noble et ancienne famille de Wogan en Irlande, dont la noblesse a été attestée par William Hawkins, roy d'armes, le 19 novembre 1783, conformément à sa généalogie et que ses ancêtres ont résidé pendant plusieurs années à Rathcoffee dans la province de Leinster et le comté de Kildare, etc. (*Grosse en papier signée desdits notaires*).

François - Jean-Patrice de WOGAN, né le 1er septembre 1774, a été baptisé le même jour dans l'Eglise paroissiale de Saint-Sauveur de Dinan, au diocèse de Saint-Malo en Bretagne.	Édouard - Jean-Pierre de WOGAN, né le 29 mars 1778, et ondoyé le même jour, a reçu le supplément des cérémonies du baptême dans l'É-glise paroissiale de Saint-Sauveur de Dinan, au dio-cèse de Saint-Malo.	César - Auguste-François de WO-GAN, né le 19 octobre 1781, a été baptisé le même jour dans l'Eglise paroissiale de Saint-Sauveur de Dinan, au diocèse de Saint-Malo.	Jeanne-Eléo-nore-Reine de WO-GAN, née le 28 janvier 1777, a été baptisée le même jour dans l'Eglise paroissiale de Saint-Sauveur de Dinan.
(*Extrait délivré le 3 août 1786 par le recteur de ladite paroisse, si-gné Carron d'A-mery, et légalisé*).	(*Extrait délivré par le curé de la-dite paroisse, le 6 juillet 1786. Signé Harouard, et légalisé*).	(*Extrait délivré le 2 août 1786, par le recteur de ladite paroisse, signé Carron d'A-mery, recteur, et légalisé*).	(*Extrait délivré par le curé de la-dite paroisse, le 16 novembre 1779. Signé Ha-rouard, et léga-lisé*).

Paris, ce..... 1789 (1).

Monsieur (De Villedeuil),

J'ai l'honneur de vous renvoyer la Requête et les titres de la Dame veuve de Wogan, au nombre desquels se trouve une Genealogie en bonne forme du Roy d'armes d'Irlande, qui re-monte la filiation de feu François de Wogan, son mary, avec des qualifications nobles à Nicolas de Wogan, son IVe ayeul, descendant de Sir Jean Wogan, chevalier, qui étoit en 1295, Principal Gouverneur d'Irlande. D'après cet Exposé je pense qu'il est de la bonté du Roy d'accorder à cette Dame les conclu-sions de sa Requête.

Je suis avec respect, Monsieur, votre très humble et très obéissant serviteur,

(*Non signé*).

(*Bibliothèque nationale à Paris. — Cabinet des Titres : Collection de Chérin, registre 211, dossier 4232.*)

1) Minute d'une lettre de M. Chérin, généalogiste des Ordres du Roy, jointe à la prédite généalogie. Ce dernier document a vraisemblablement été dressé pour l'admission de MM. de Wogan aux Écoles militaires, sur preuve de quatre degrés de noblesse exigée d'après les règlements royaux. La Révolution de 1789 a empê-ché l'usage de cette généalogie.

Biens perdus par la famille de Wogan a la suite de confiscations autres que celles déja mentionnées au cours de cet ouvrage

Les extraits suivants relevés dans les archives du comté de Kildare par le Révérend Père Hogan, de la Société de Jésus, à Dublin, qui nous les a obligeamment communiqués, montrent l'étendue des terres perdues à la suite de confiscations par les familles Wogan, Eustace, Dongan, etc., dans le comté de Kildare.

1577. Elisabeth possédait Polberowgan avec son château. Elle le donna à William B. qui le donna à William Dongan.

1583. Nicholas Wogan, convaincu de lèse-majesté; on lui confisqua : 1 château, 2 dépendances et 19 ares ter, *in Claw*, mais les inféoda (1) à William Wogan de Rathcoffey. Thomas Eustace de Mollaghcash et Walter Eustace de Ballecullen et aussi Thomas Eustace de Kerdeiffstown, convaincus également de lèse-majesté.

1611. Walter Dongan, parmi d'autres terres possède 1 château, 2 dépendances et 20 ares à Clane, qu'il a de Sir W. Sarsfield et de William Wogan.

John Eustace de Newland, etc., mourut en 1612. Il *feoffavit* à Burnell dé Castlenock : Nicholas Eustace de Elverstone et Gerald Fitz Philip (Fitz-Gerald) de Allen et Clane qui avaient des biens reçus de William Wogan de Rathcoffey en 1611.

1613. Oliver Eustace de Blackrath, etc., paie une rente annuelle de deux shillings à Maurice Eustace de Clongowes-Wood.

1616. Sir William Sarsfield de Lucan est âgé de 34 ans et marié ; il possède 1300 ares à Ballinagap, Bentagton et dans les environs de Clane.

Burnell de Castlenock donne à Nicholas Wogan et autres, Ballirennet pour l'usage de son fils Christopher Burnell.

Elinor Sutton de Richardston avait 1 château, 20 dépendances, 20 jardins, 1 « host », 170 ares de terre arable, 20 ares de prairies, 140 ares de pacages, 20 ares de forêt à Richardstown et à Danielstown qu'elle a reçu de Nicholas Wogan de Rathcoffey. Aussi, des biens dans la ville de Clane provenant de Nicholas

(1) *Feoffavit.*

Wogan et de William Sarsfield de Lucan et de la terre des Lords Trimleston, Gormanstown et Kildare.

1622. Thomas Fitz et un autre Nicholas Fitzgerald, donnèrent à Woogan de Downeinge des propriétés *ad usum* dudit Thomas et de son fils, etc., mais ayant été convaincus de lèse-majesté, Erasmus Burrowes les obtint pour y chasser le cerf.

1625. Sutton de Richardstown *infeoffavit* à Nicholas Quvitrod de la Cité de Dublin. Il a reçu Richardstown et Reynoldstown de Wogan et de Nicholas Wogan, fils de William Wogan de Rathcoffey. Il a reçu Danielstown de Nicholas Wogan et d'Eustace de Castlemarten et aussi de la terre à Clane de Nicholas Wogan et de Sarsfield de Lucan. Irishtown s'appelait Brownstown et appartenait avec son château à Maurice Fitz Gerald.

1629. Margery Woogan, épouse de John Goldine, revendique Herbertstown et Knocksillott comme son douaire (?)

Sir John Dongan, Baronet, reçoit Keppock de Nicholas Wogan et de William Sarsfield en 1636.

La moitié des manoirs de Mayneham et d'Ikethy sont entre les mains du Roi parce que Nicholas Wogan, fils de William Wogan, est mineur. Nicholas Wogan était *head landlord* de propriétés situées à Kilcock. En cette année il existait un Nicholas Wogan de Blackhall.

Roger Moore de Ballena, Archibold de Tymolin, Flatsberry, Eustace de Moone, eurent leurs biens confisqués comme convaincus de haute trahison en 1641, pendant la rébellion.

Sutton de Richardstown, Wogan de Downings, Eustace de Blackrath, Eustace de Mullagash, Ash Moynally, Bermingham de Parsonstown, Fitz-Gerald de Oberstown, Eustace de Newland, (environ 2,000 ares); Eustace de Ballscott, Eustace de Ballygoran, Eustace de Ballycollan. (Confiscations.)

Nicholas Wogan de Rathcoffey avait Danielstown, 36 ares, Clonagh, 30 ares, Porte, 120 ares, Belgard, 202 ares, lesquels biens sont actuellement dans les mains du Roi (1663).

Egalement Nicholas Sutton et Thomas Eustace de Staffare. Dongan, comte de Limerick, possédait Longtown et autres biens à Clane, c'est-à-dire Corryhille, etc. Convaincu de lèse-majesté il perdit 4,000 ares sous le règne de William et Mary.

1637. Nicholas Wogan était mineur et héritier de William Wogan qui détenait les seigneuries de Maynham et de Ikethy, possédées par Gerald Sutton, à Richardstown (un château, 6 dépendances et 40 ares et Danielstown, 4 ares).

Nicholas Wogan de R. 23 Oct. 1641, possessionatus fuit de ter de Danieltowne, 36 ares (maintenant propriété de Clongowes); Clonagh, 30 ares; Porte, 120 ares et Belgard, 202 ares, biens qui se trouvent actuellement en totalité dans les mains du Roi Charles II (1663).

TABLE ONOSMATIQUE

Imprimerie Paul Schmidt, 20, rue du Dragon, Paris.

LABORE NON ASTUTIA

www.ingramcontent.com/pod-product-compliance
Lightning Source LLC
Chambersburg PA
CBHW052054270326
41931CB00012B/2756